中国式
现代化视域下的
浦口新实践

中共南京市浦口区委党校（南京市浦口区行政学校）课题组◎编著

中共中央党校出版社

图书在版编目（CIP）数据

中国式现代化视域下的浦口新实践 / 中共南京市浦口区委党校（南京市浦口区行政学校）课题组编著 .-- 北京：中共中央党校出版社，2023.10

ISBN 978-7-5035-7521-1

Ⅰ . ①中… Ⅱ . ①中… Ⅲ . ①现代化建设—研究—南京 Ⅳ . ① D675.34

中国国家版本馆 CIP 数据核字 (2023) 第 063995 号

中国式现代化视域下的浦口新实践

策划统筹 任丽娜
责任编辑 马琳婷 桑月月
责任印制 陈梦楠
责任校对 李素英
出版发行 中共中央党校出版社
地　　址 北京市海淀区长春桥路6号
电　　话（010）68922815（总编室）（010）68922233（发行部）
传　　真（010）68922814
经　　销 全国新华书店
印　　刷 北京盛通印刷股份有限公司
开　　本 710毫米 ×1000毫米 1/16
字　　数 212千字
印　　张 17.25
版　　次 2023年10月第1版 2023年10月第1次印刷
定　　价 58.00元

微 信 ID：中共中央党校出版社　　**邮　　箱**：zydxcbs2018@163.com

序

现代化，是近代以来中国人民不懈追求的发展目标与共同梦想。探索中国现代化道路的重任，历史地落在了中国共产党身上。中国共产党的创立，标志着中国的现代化由过去的被动开始转为主动，中国式现代化开始登场。

中国式现代化，是中国共产党领导的社会主义现代化，是一代又一代的中国共产党人带领人民不断开辟的伟大事业。党的十八大以来，我们党在已有基础上继续前进，不断实现理论和实践上的创新突破，为中国式现代化提供了更为完善的制度保证、更为坚实的物质基础、更为主动的精神力量，成功推进和拓展了中国式现代化。

在中国共产党带领亿万人民推进现代化建设的漫漫征程中，新时代十年绘就了浓墨重彩的篇章。党的二十大擘画出全面建设社会主义现代化国家、以中国式现代化全面推进中华民族伟大复兴的宏伟蓝图。在以习近平同志为核心的党中央的掌舵领航下，中国式现代化壮美画卷正在中国广袤大地上徐徐铺展。

2023年3月5日，十四届全国人大一次会议开幕当天，习近平总书记来到他所在的江苏代表团参加审议，发表重要讲话，勉励江苏“在高质量发展上继续走在前列”。时隔4个月，7月5日到7日，习近平总书记赴江苏苏州、南京等地考察调研，并听取了省委和省政府工作汇报。这也是党的十八大以来，习近平总书记第四次来到江苏。在江苏考察期间，习近平总书记要求江苏在推进中国式现代化中走在前、做示范，谱写“强富美高”新江苏现代化建设新篇章，同时要求各地全面把握中国式现代化的科学内涵和本质要求，立足实际，发挥自身优势和特色，稳步前进，把中国式现代化的美好图景一步步变为现实。

《中国式现代化视域下的浦口新实践》一书由中共南京市浦口区委党校（南京市浦口区行政学校）课题组编著。本书以中国式现代化理论与习近平总书记在江苏考察时的重要讲话精神为引领，从红色资源、产业发展、文化建设、生态文明与社会治理等多个维度，全面、系统、生动地展现了江苏省南京市浦口区高质量发展的丰硕成果，是中国式现代化在浦口展开的最鲜活的现实明证、最生动的实践写照。这本书的出版，表达了我们党校（行政学院）人服务党和国家工作大局的强烈愿望，体现了为党育才、为党献策的时代担当。

中共中央党校（国家行政学院）

中国式现代化研究中心主任

张占斌

2023年9月

目 录

第一章

“革命红色”筑牢浦口高质量发展基石

红色资源是我们党艰辛而辉煌奋斗历程的见证，是最宝贵的精神财富。每一个历史事件、每一位革命英雄、每一种革命精神、每一件革命文物，都代表着我们党走过的光辉历程、取得的重大成就，展现了我们党的梦想和追求、情怀和担当、牺牲和奉献，汇聚成我们党的红色血脉。[①] 可以说，红色资源具有政治、经济、文化、教育、生态等多种价值和功能。今天，我们走在全面建设社会主义现代化强国的新征程上，如何将红色资源的功能、作用与价值意义正确、充分地发挥出来，是一个值得思考、关注的重要理论与实践问题。

① 参见李铁林：《用好红色资源　凝聚奋进力量》，《人民日报》2023年5月6日。

第一节

红色资源及其时代价值

党的十八大以来，习近平总书记高度重视红色资源的保护、管理和运用，多次强调“要把红色资源利用好、把红色传统发扬好、把红色基因传承好”[①]，“要用心用情用力保护好、管理好、运用好红色资源”，“增强表现力、传播力、影响力，生动传播红色文化”[②]。党的二十大报告进一步对“弘扬以伟大建党精神为源头的中国共产党人精神谱系，用好红色资源，深入开展社会主义核心价值观宣传教育”[③]作出重要部署，为新时代用好红色资源指明了前进方向、提供了根本遵循。我们要深入贯彻党的二十大精神，深刻领悟红色文化价值意蕴，巩固全党全国各族人民团结奋斗的共同思想基础，从而为实现中华民族伟大复兴的中国梦提供强大精神动力和文化支撑。

① 习近平：《贯彻全军政治工作会议精神　扎实推进依法治军从严治军》，《人民日报》2014年12月16日。

② 习近平：《用好红色资源　赓续红色血脉　努力创造无愧于历史和人民的新业绩》，《求是》2021年第19期。

③ 习近平：《高举中国特色社会主义伟大旗帜　为全面建设社会主义现代化国家而团结奋斗——在中国共产党第二十次全国代表大会上的报告》，人民出版社2022年版，第44页。

一、红色资源的基本概念与核心内涵

（一）红色资源的基本概念

1. 红色的基本概念

中国人民自古以来便有“红色情结”。在我国的传统文化中，红色代表了吉祥、喜庆、庄严、热情。随着19世纪中叶共产主义思潮的兴起，红色在国际共产主义运动、民族解放运动以及社会主义运动中的“革命”象征性意义日益凸显，红色成为典型符号，几乎成了革命的天然代表颜色。在马克思主义中国化的过程中，中国共产党赋予了红色新的含义，此时的红色更象征着活力、斗志、革命、进步、信仰。[①]“红色”最能表达中国共产党人的政治身份和先进性质。事实上，无论是中国共产党创立的革命政权、工农武装，还是高举的旗帜、创办的期刊，都是以红色作为主基调。发展至今，红色已经深深地融入中国共产党人的血液和基因中，蕴含着中国共产党人忠诚坚定、不畏牺牲、艰苦奋斗、服务人民的优良传统，寄托了中国共产党人崇高的理想和无限的希望，承载着国人强大的精神力量和大国气节。“最美不过中国红”，红色是中国共产党、中华人民共和国最鲜亮的底色。

2. 文化资源的基本概念

文化是一个国家和民族的灵魂。文化通常意义上有三个观测维度。在宏观维度上，文化区别于一切自然之物。在中观维度上，它是指由器物、制度、思想所表现出来的价值体系。在微观维度上，它特指体现社会思想走向的意识形态观念。资源指的是可以被人类所开发和利

---

① 参见游海华:《红色文化概念再探》,《红色文化学刊》2017年第1期。

用的物质、能量和信息的总称，是一种客观物质形态，它可以转化为物质财富和精神财富。文化也是一种资源，是指由人类所创造形成的具有文化物质财富价值和精神财富价值的各种资源的总和。通常来说，物质文化形态以建筑、遗址等为代表，精神文化形态以民俗、宗教等为代表，它们对人类社会发展进步都具有重要的影响。

3. 红色文化资源的基本概念

红色文化资源是指中国共产党以马克思主义思想为指导，领导全国各族人民在革命、建设、改革实践中形成的，以革命史迹为现实根基的物质财富和以红色文化为核心支撑的精神财富的历史结晶。红色文化资源是文化资源具体分类中的一种，经常被人们称为“红色文化”或“红色资源”。作为一种历史和时代的产物，当今中国的红色文化资源在继承中华民族优秀文化传统的基础上，融会了共产党成立以来的先进文化，因而是集合了坚定的理想信念、高尚的道德情操、科学的理论品质、深厚的爱国理念等多要素为一体的精神文化资源。

红色文化资源包括物质文化、制度文化和精神文化资源三方面的内容，是三者有机结合的统一体。其中，红色物质文化属于外表层的、具体的、显性的文化形态，是红色文化的物质外壳和载体，其主要内容包括旧民主主义革命、新民主主义革命、社会主义建设以及改革开放时期的革命战争遗址、重大事件发生地、纪念地及其珍贵实物等，具体如重大革命事件发生旧址、领袖故居、纪念碑、烈士陵园、陈列展场馆、建筑、园林、器物、饮食、服饰等；而红色制度文化主要是指中国共产党领导广大人民群众在旧民主主义革命、新民主主义革命、社会主义建设和改革开放时期所创建的理论、纲领、路线、方针、政策、规章制度、法规条例等；红色精神文化则特指中国人民在旧民主主义革命、新民主主义革命、社会主义建设和改革开放时期形成的革命精神、文化传统和社会主义核心价值体系等，包括革命回忆录、小说、散文、歌舞、戏曲、绘画、故事传说等，如延安精神、西柏坡精神、长征精神等。红色精神文化与红色物质文化相比，是内在的、无形的、抽象的或难以触摸的，但却是最活跃、最具有生命力的文化形态。①

总体来说，我国的红色文化是在中国共产党的创建过程中产生，并在中国共产党成立后领导中国人民夺取政权和巩固政权的过程中形成和发展起来的先进文化形态，它包括物质形态、制度形态和精神形态三个层面。中国共产党是红色文化的创造主体，马克思主义是红色文化的指导思想，其最终目标是实现共产主义。红色文化具有思想启蒙、发动群众、鼓舞士气、凝聚共识的历史价值。新时代，红色文化在更广泛的领域和空间内发挥着全面从严治党、助力乡村振兴、价值观引领、理想信念教育等重要价值功能。

（二）红色资源的核心内涵

习近平总书记曾提出保护红色资源强化其教育功能，要“围绕革命、建设、改革各个历史时期的重大事件、重大节点，研究确定一批重要标识地，讲好党的故事、革命的故事、英雄的故事，彰显时代特色，使之成为教育人、激励人、塑造人的大学校”②。从论述中可以看出，红色资源的核心是其蕴含的先进的文化内涵和精神风貌，涵盖革命、建设、改革等历史时期。全国各族人民为了实现民族独立和民族解放，为了实现人民富裕和民族复兴，在反帝反封建的过程中，特别

---

① 参见刘红梅：《红色旅游与红色文化传承研究》，人民出版社2017年版，第61页。

② 习近平：《用好红色资源　赓续红色血脉　努力创造无愧于历史和人民的新业绩》，《求是》2021年第19期。

是在中国共产党的领导下、在革命斗争和建设实践中所形成的伟大精神，即红色精神，具体包括在旧民主主义革命时期的探索精神、新民主主义革命时期形成的革命精神、新中国社会主义建设时期形成的奋斗精神和改革开放时期形成的创新精神。[①]

旧民主主义革命时期是指1840年鸦片战争以来到五四运动前的79年，在这期间主要的红色精神可以概括为勇于探索的精神。在半殖民地半封建社会的背景下，中国爱国人士积极探索救亡图存之路，历经了鸦片战争、甲午战争、辛亥革命和五四新文化运动时期，虽然均以失败告终，但那种勇于探索的精神却给我们留下了宝贵的精神财富，具体包括爱国精神、变革精神、革命精神和启蒙精神。

新民主主义革命时期是指从1919年五四运动到1949年新中国成立的这段时期，其中经过了大革命时期、第二次国内革命战争时期、抗日战争时期和解放战争时期。新民主主义革命时期的红色精神是红色革命文化的集中体现，具体包括反帝爱国精神，勇于探索、积极进步的精神，深入群众、求真务实的精神，不怕牺牲、敢于斗争的精神，井冈山精神、长征精神、抗战精神、延安精神、西柏坡精神等红色精神。

社会主义革命和建设时期是指新中国成立之后到改革开放之前的时期，形成了主要包括新中国成立初期的艰苦创业精神，反抗侵略、保家卫国的抗美援朝精神，社会主义建设时期的“两弹一星”精神、大庆精神和铁人精神、雷锋精神等红色精神。

---

① 具体来说，主要包括：在革命战争时期形成的禁烟精神、三元里精神、太平天国精神、戊戌精神、新文化精神、五四精神、井冈山精神、长征精神、延安精神、太行精神、红岩精神、西柏坡精神等；在社会主义建设时期形成的“两弹一星”精神、雷锋精神、铁人精神、焦裕禄精神等；在改革开放时期形成的抗洪精神、抗击非典精神、抗震救灾精神、北京奥运精神、载人航天精神等以改革创新为核心的时代精神。

改革开放时期是指1978年以后我国进入实行改革开发、建设中国特色社会主义的新时期，这个时期的红色精神主要包括解放思想、实事求是的精神，64字创业精神，抗洪精神，载人航天精神，北京奥运精神，抗震救灾精神，抗击非典精神等。

上述精神是中华民族5000多年文明的传承和发展，是伟大中华民族精神的锤炼和升华，集中体现了中国共产党人的光荣传统和优良作风，是我们党和中华民族极其宝贵的精神财富。

二、红色资源的基本特征与时代价值

（一）红色资源的基本特征

红色资源内在包含了中国共产党的物质财富和精神财富，是物质性和精神性的集合体。政治性与人民性折射红色资源的精神向度，唯一性与原真性构成红色资源的物质状态。

1. 政治性与人民性的高度统一反映了红色资源的本质特征

首先，阶级性是马克思主义最显著的特点之一。红色资源作为一种优质教育资源，其所内蕴的红色文化本质上是一种政治文化，昭示了中国共产党人的价值诉求与崇高理想。

其次，人民群众是红色资源的创造者和传承者。习近平总书记在党的二十大报告中明确指出："人民性是马克思主义的本质属性。"[①] 无论是烽火硝烟的革命战争年代，还是如火如荼的社会主义建设时期，一代代中国共产党人始终坚持人民立场，团结带领亿万人民肩负起不

① 习近平：《高举中国特色社会主义伟大旗帜　为全面建设社会主义现代化国家而团结奋斗——在中国共产党第二十次全国代表大会上的报告》，人民出版社2022年版，第19页。

同发展阶段的历史使命，以鲜血浇灌理想，用生命捍卫初心。

最后，红色资源鲜明的政治性决定了彻底的人民性，其中的红色文化作为无产阶级先进文化的代表，是中国共产党领导人民群众创造的文化。因此，人民性是红色资源政治性的具体表现，两者高度统一，也是红色文化异于其他文化的首要特征。

2. 唯一性与原真性的内在融合反映了红色资源的外在表征

首先，红色资源是宝贵的历史文化遗产，具有不可复制的唯一性。习近平总书记指出："红色资源是不可再生、不可替代的珍贵资源。"[①]红色资源作为熔铸着革命精神的实物见证，记录着我们党艰苦卓绝的革命斗争历程，是特定历史背景下马克思主义中国化的产物。

其次，红色资源具有原真性的特性。原真性是国际公认的文化遗产评估、保护和监控的基本因素。1994年发布的《奈良真实性文件》正式肯定了原真性原则在文化遗产中的定义。2000年国家文物局颁布的《中国文物古迹保护准则》指出，保护的目的就在于真实、全面地保存并延续其历史信息及全部价值。因此，红色资源的原真性包含历史真实性高、风貌完整性好、文化延续性强的特点。

最后，原真性的特性是在唯一性的特性基础上形成和发展起来的，红色资源作为文化遗产的物质载体，其唯一性为其原真性提供了基本的价值尺度，而原真性则凸显了其唯一性的存在形式。

（二）红色资源的时代价值

红色资源具有政治、经济、文化、教育、生态等多种价值和功能。它贯穿中国革命、建设和改革各个历史时期，其蕴含的丰富的革命精

① 习近平：《用好红色资源　赓续红色血脉　努力创造无愧于历史和人民的新业绩》，《求是》2021年第19期。

神和厚重的历史文化内涵对于国家、社会、个人都有重要的价值引领作用。今天，我们要使其在新的历史起点上衍生出新的时代价值，就要将红色故事作为坚定理想信念的生动教材，将红色传统作为承袭民族血脉的精神摇篮，将红色基因作为砥砺奋进力量的深厚土壤。

1. 红色资源的政治引领价值

红色资源引领正确政治方向。习近平总书记强调，“我们要从红色基因中汲取强大的信仰力量，增强‘四个意识’，坚定‘四个自信’，做到‘两个维护’，自觉做共产主义远大理想和中国特色社会主义共同理想的坚定信仰者和忠实实践者，真正成为百折不挠、终生不悔的马克思主义战士。”[①] 红色资源伴随着中国共产党成长、壮大而形成并不断丰富，中国共产党的政治行为、政治理念和政治信仰等是其重要的政治内涵，有效利用该资源有利于培育人民群众的政治认同感，并能为促进政治发展提供思想支撑。[②] 红色资源见证了党领导下人民群众的艰苦奋斗，反映了中国共产党人的崇高追求，展现了社会主义发展的必然性，是人们树立正确政治方向的天然说明书。

红色资源引领党员干部提升党性修养。“心中有信仰、脚下有力量”，只有理想信念坚定、精神之“钙”富足，才能更好地投身社会主义现代化建设。在中国共产党的领导下，无数中华儿女用自己的血肉之躯赢得了崇高荣誉，展示了自始至终跟党走的坚定信念、勇于牺牲奉献的崇高品质、坚贞忠诚的正直秉性，为我国事业发展进步作出了重大贡献，留下了宝贵的红色财富。红色资源蕴含着丰富的革命精神和厚重的文化内涵，是爱国情怀和乡土民情、道德情操和优良传统的高度凝结。

---

① 习近平：《用好红色资源，传承好红色基因　把红色江山世世代代传下去》，《求是》2021年第10期。

② 参见渠长根主编：《红色文化研究与实践》，红旗出版社2020年版，第52—53页。

在这些红色文化资源中，无数革命英雄为国家而战、为民族而战、为历史而战，留下了各种形式的革命遗址和文学作品，这是党性教育的重要内容和价值体现。在红色资源的潜移默化中增强政治认同，有助于加强社会主流意识形态建设和价值观建设，增强对马克思主义的信仰、对社会主义的信念和对实现中华民族伟大复兴中国梦的信心。

2. 红色资源的精神滋养价值

红色资源具有道德约束作用。在实施乡村振兴战略大背景下，习近平总书记高度重视农村精神文明建设，强调“实施乡村振兴战略要物质文明和精神文明一起抓，特别要注重提升农民精神风貌”①。红色资源以红色文化浸润乡村基层治理，发挥着价值引领、道德建设和行为约束的作用。当前，我国正处于迈向新经济社会形态的关键转型期，发展不平衡不充分的矛盾凸显、新旧社会矛盾交织叠加，各种不良社会风气及社会思潮严重侵蚀着党的执政基础和群众基础。面对和化解前进道路上的矛盾问题，需要多措并举，而发挥好红色资源的精神滋养价值不失为一条可选的现实路径。习近平总书记强调：“精神是一个民族赖以长久生存的灵魂，唯有精神上达到一定的高度，这个民族才能在历史的洪流中屹立不倒、奋勇向前。”② 无论时代如何变迁，红色资源始终赓续着以伟大建党精神为源头的革命精神，体现出中国共产党人为中国人民谋幸福、为中华民族谋复兴的初心和使命，因而可以为实现乡村全面振兴凝心聚力。

红色资源具有精神激励作用。在革命战争年代，中国共产党的革命力量相对弱小，面对严峻的革命形势，为了不断壮大革命力量，中

① 《习近平在江苏徐州市考察时强调 深入学习贯彻党的十九大精神 紧扣新时代要求推动改革发展》，《人民日报》2017年12月14日。

② 《习近平关于社会主义文化建设论述摘编》，中央文献出版社2017年版，第13页。

国共产党人利用红色标语、歌谣、戏剧、板报、花鼓戏等形式，激发人民群众参与革命的热情，展现人民群众艰苦奋斗、敢于斗争的精神风貌，使红色资源成为人民群众战胜敌人的宝贵精神财富。新时代的今天，这些红色资源可以激励人们勇于迎接各种风险挑战，调适心理承受能力，培养积极进取、乐观向上的人生态度。

3. 红色资源的思想教育价值

红色资源具有思想教育作用。红色资源承载着中国共产党实现共产主义的精神信仰，同时也是教育广大群众尤其是青少年的鲜活史实。革命战争年代留下来的革命遗址、文物、博物馆、纪念馆、展览馆、烈士陵园等是生动典型的思想政治教育素材，是进行党史教育、中国革命史教育、党性教育、先进性教育的好阵地。生动形象的英雄人物事迹可以逐渐影响一个人的行为，使其受到革命精神和优良传统的感染和熏陶，培养政治热情、历史使命感和责任感，树立集体主义和爱国主义的思想观念。可以说，红色资源中蕴含着我们党的立党之基、血脉之本、情感之根、智慧之库和力量之源，其时代价值与社会主义核心价值观高度契合，强化其教育功能，使之成为教育人、激励人、塑造人的重要资源，对于不断引导干部群众尤其是广大青少年明确人生价值、筑牢理想信念具有重要意义。

红色文化具有榜样示范作用。红色资源包含许多先进人物和英雄的事迹和行为，可以成为社会主义核心价值观的生动教材，在道德教育过程发挥典型示范作用。比如，雷锋、张思德、王进喜、焦裕禄、孔繁森等先进人物，其中就有无私奉献、为人民服务的典型，有自强不息、艰苦奋斗的典型，有开拓创新、勇于进取的典型，有一生为公、不计个人得失的典型，有不畏强权、敢于斗争的典型。这些典型人物的感人事迹是社会主义道德教育的良好素材，具有很强的示范效应和感召力，为新时代加强对人民群众的思想政治教育打下了坚实的思想基础。

4. 红色资源的文化传承价值

红色资源保留了共和国底色，传承着红色基因，是革命文化和社会主义先进文化的重要载体，在开展红色教育、建设文化强国、坚定文化自信过程中扮演着重要角色。[①] 当今时代，文化越来越成为民族凝聚力和创造力的重要源泉，越来越成为国家综合竞争力的重要影响因素。红色文化是中国革命和建设过程中形成的社会主义先进文化的重要组成部分，反映了中华民族奋发向上、自强不息的优良民族品格，历来影响着中华民族独有的民族品格和个性。习近平总书记强调，“用好红色资源，传承好红色基因，把红色江山世世代代传下去”[②]。红色资源的内涵丰富，不仅包括政治和经济方面的内容，还包括红色文化方面的内容，涉及红色心态文化、红色行为文化、红色理念文化、红色制度文化等多方面内容。由于文化具有传承功能，所以红色文化对当今人们的价值观产生着潜移默化的影响，也对中国特色社会主义文化建设发挥着独特功能。

红色资源具有的文化传承价值是多方面的。首先，红色资源是保护和传承当地红色文化的必要条件。基于红色遗址、遗迹的唯一性，因而需要我们在乡村文化建设中加大对这些文物和遗迹的保护、传承和有效利用，同时兼顾其经济效益和社会效益的有机统一。其次，红色资源是激发广大村民投身乡村振兴的动力之源。红色资源作为推动乡村文化振兴的重要资源，一方面保留了中华优秀传统文化的精髓，

① 参见冯雅、吴寒、李刚：《论习近平红色资源观》，《图书馆论坛》2022年第1期。

② 习近平：《用好红色资源，传承好红色基因 把红色江山世世代代传下去》，《求是》2021年第10期。

另一方面又体现了我们党的优良革命传统，因而在推进乡村振兴战略中利用好红色资源，有助于满足农民多元化的精神需求，培养农民高度的文化自觉。最后，红色资源是实现乡村文化多元化发展的重要补充。红色资源的有效开发能够调和城乡二元割裂结构下的文化冲突，促进红色文化资源与乡村文化发展的多元融合，延承日益式微的乡土文化，筑牢建构乡村文化体系的精神之基。

5. 红色资源的经济开发价值

红色资源是中国共产党物质文化和精神文化的有机统一，具有物质和非物质两种形态，其不可复制的唯一性和原貌的原真性保证了红色文旅市场的核心竞争力。一方面，红色资源深邃的政治内涵为文化旅游市场提供持久吸引力。在推进党史学习教育常态化长效化的背景下，红色资源以其独具的红色文化与旅游产业相结合，以文创经济为基础，精心打造产学研旅一体化发展的红色教育基地，持续引导社会资本参与红色旅游建设，解决了过往社会资本投资意愿不强、融资难度较大、客源不稳定等问题。另一方面，红色资源固有的资源属性为文化旅游产业的发展增添旺盛生命力。红色资源通过与社会资本一定程度的深度链接，整合革命遗址资源，将根植于其中的红色文化转化为区域联动、资源共享的产业链条，并不断催生出新的产业业态，逐渐把红色文旅培育成为助推乡村振兴的新兴增长点，从而实现巩固拓展脱贫攻坚成果同乡村振兴战略的有效衔接。

第二节

浦口红色资源类型分析与发展机遇

地方红色资源是中国共产党领导人民群众在各地进行革命、改革和建设的过程中形成的宝贵的历史遗存和精神财富，是我国红色资源必不可少的组成部分。[①]从宏观层面看，加强地方红色文化资源的保护和利用是对中华民族优秀传统文化的更新和再现，具有重要的政治价值和社会功能。从微观层面看，加强地方红色文化资源的保护和利用，对增强本地人对红色文化的认同及促进红色旅游发展具有重要的经济和文化价值。

一、浦口各时期丰富独特的红色资源

浦口具有丰富独特的红色文化资源，是一块浸染着革命先烈鲜血的红色热土，拥有很多的红色遗址、遗迹及革命故事。浦口人民光辉的革命史、不懈的奋斗史，展示的是浦口人民的伟大贡献和伟大精神。更广泛地说，浦口区的红色文化资源不仅属于这个地区，也是南京的红色文化象征，更是我国宝贵的物质财富和精神财富。在中国革命、建设和改革开放的不同历史时期，一位位革命先辈和先进模范用青春和热血诠释了中国共产党人全心全意为人民服务的根本宗旨。在新时

① 参见王红艳：《用好地方红色资源　培养时代新人》，《中国社会科学报》2023年2月27日。

代新征程上，充分挖掘和利用这些红色资源及其文化内涵，发挥其爱国主义教育、革命传统教育功能，对全面发展革命传统教育、爱国主义教育，丰富地方全域旅游文化内涵，推进地方高质量发展有着重要意义。

（一）王荷波纪念馆

1. 王荷波的生平事迹

王荷波（1882—1927年），原名王灼华，1882年出生于福州市，是中国共产党早期领导人之一、中国工人运动的杰出先驱、首任中共中央监察委员会主席，曾任中央执行委员、中央候补委员、全国铁路总工会委员长、中央监察委员、中央政治局委员、中共中央北方局书记，有着崇高精神和革命理想。

1916年夏，王荷波考入南京津浦铁路南段浦镇机厂（今中车浦镇公司），成为一名钳工。1919年，他参加五四爱国运动，之后多次组织工人运动，处处维护工人利益。在浦镇机厂，英籍厂长奥斯顿和总监工布拉克为所欲为，压榨工人，激发了工人的反抗斗争。王荷波代表工人与厂方进行针锋相对的激烈斗争，并获得最终胜利。通过一系列反压迫斗争，王荷波开始觉醒，积极投身于工人运动。

他组织并成立南京地区第一个共产党组织。长江北岸的浦口，是津浦路与沪宁路的中转站，是南北交通的枢纽。五四运动对浦镇工人影响很大，在浦镇机厂工作期间，王荷波开始接触新青年，也开始接触新思想，他大量阅读《新青年》《劳动界》等进步刊物。1922年秋天，浦口党小组成立，这是南京地区第一个党小组。浦口党小组隶属中共北京地方执行委员会，成员有3人，分别是王荷波、王振翼、王国珍，王荷波为党小组长。王荷波通过工人夜校积极宣传党的主张，同时他还深入浦口站、港务处宣传革命理论，启发工人群众革命觉悟，发展优秀工人加入党组织，积极领导浦镇工人开展革命斗争。从此，浦镇的工人革命斗争进入了新阶段。

他是中国工人运动的杰出先驱、第一个工人出身的中央委员。王荷波组建浦口铁路工会，并吸收搬运工人集体加入铁路工会。随着工人革命斗争的进一步发展，王荷波成了津浦铁路总工会筹备组的负责人，他经常到各地启发工人组织起来进行革命斗争。为了组建徐州、济南、天津等站的铁路工会，王荷波常常冒着被捕的危险南北奔波。经过他的积极活动，铁路工会组织延伸至徐州、泰安、济南、德州、天津等地，共有会员3500余人。王荷波是我党历史上第一位工人出身的中央委员。可以说，这是对他在从事工人运动中的勇敢表现所作的充分肯定和崇高评价。

他是中央监察委员会第一任主席。1927年4月27日至5月9日，中国共产党第五次全国代表大会召开。党的五大建立了中国共产党第一个中央纪律检查监督机构——中央监察委员会，开创了我们党自我监督、自我革命的先河，也成为党有专门组织、有党规可依、有制度设计地开展监督执纪工作的伟大开端。王荷波因严于律己、公私分明，以“品重柱石”的声誉当选为首任主席。“品重柱石”是1922年工人们在王荷波40岁生日时送他的一块大红匾，工友们以“品重柱石”四个大字表达对王荷波的崇敬与爱戴。

1927年10月，王荷波不幸被捕。在狱中，他受尽酷刑，坚贞不屈，至死都没有暴露党组织。面对屠刀，他充满革命乐观主义和革命英雄主义精神，于11月11日深夜英勇就义。1949年12月11日，中共中央组织部、中华全国总工会、中共北京市委等组成“王荷波同志等十八烈士移葬委员会”，将烈士遗骸移葬于北京八宝山革命公墓。周恩来亲书墓碑，亲临主祭，并在追悼会上讲话。勇敢而坚定的王荷波烈士，用他短暂而光辉的45年书写了对党的无限忠诚，教育和激励着后来者应当始终保持对党的事业的忠诚与干净、责任与担当。

2. 王荷波纪念馆的建成

1997年1月，南京浦镇车辆厂在厂区为王荷波建造塑像。2012年7月，为纪念王荷波诞辰130周年、牺牲85周年，南京市纪委、市监察局联合浦口区委、区政府建成王荷波纪念馆，以展示王荷波在南京地区工会组织建设、南京第一个党小组建设过程中所发挥的重要作用，缅怀以王荷波为代表的中央历任纪检监察负责人的丰功伟绩，讴歌王荷波在革命斗争中所体现的“品重柱石”精神。应该说，着眼于新形势下对全党全社会进行革命传统和保持党的先进性、纯洁性教育的需要，建设国内首个专门纪念王荷波同志的场馆，打造一个集政治性、思想性、教育性于一体的红色文化教育基地，可以更好地发挥红色文化的资政育人功能。

3. 王荷波纪念馆的基本情况

王荷波纪念馆位于南京市浦口区江浦街道行知教育基地内，占地面积1000多平方米。展示内容分为《王荷波——首任中共中央监察委员会主席》《中国共产党反腐倡廉建设历程》和《浦口廉政文化实践》等三个部分。其中《王荷波——首任中共中央监察委员会主席》是该馆的核心版块，由《在艰难岁月中铸造品质》《在工运怒潮中担当重任》《在大革命洪流中英勇献身》三个单元组成，以展示王荷波革命斗争伟业为主线，通过大量珍贵的史料、图片和文物、场景复原、雕塑绘画、情景剧等手段展示王荷波在承担南京地区工会组织建设、南京第一个党小组建设过程中所发挥的重要作用，缅怀以王荷波为代表的中央历任纪检监察负责人的丰功伟绩，讴歌王荷波革命斗争中所体现的“品重柱石”崇高精神。

展馆内许多照片、实物属首次向社会公开，采用声、光、电和多媒体等现代科技手段，共展出200幅珍贵图片、20则真实故事、40件实物。最大的创新和亮点在于以展板、油画、雕塑等艺术形式，综合运用灰暗、明亮、绿色等多种色彩，让参观者始终浸染在浓厚的艺术氛围之中；幻影成像、“诱惑陷阱”、多点触摸双联屏、数字沙盘、电子签名等现代技术手法的巧妙运用，使参观过程充满互动性，使教育极具吸引力、渲染力和感召力；“微电影”《王荷波的故事》，采用浓缩的手法和生动的画面，分“播火浦镇”“壮别天涯”等4集共25分钟，集中展示了王荷波为共产主义奋斗的革命生涯和清正廉洁的优秀品质，给观众以穿越时空、耳目一新的感觉。

4. 王荷波纪念馆的功能价值

王荷波纪念馆发挥了革命传统教育的功能。王荷波纪念馆的建成与开放，填补了中国共产党早期领导人、中国工人运动的杰出先驱、首任中共中央监察委员会主席王荷波“有史无馆”的空白。自纪念馆开放以来，已成为广大党员干部接受廉政教育、加强党性修养的重要场所，人民群众增强廉洁意识、弘扬清风正气的重要阵地，青少年学生学习革命精神、陶冶思想情操的重要课堂。创设“一品青莲”全国廉政文化品牌，通过莲（廉）文化的浸润，使廉洁成为一种流淌的文化气韵，渗透到每个党员干部的行为中，流淌于广大群众的心田里。先后以王荷波为主题制作微电影、广播剧、话剧及相关图文集等，深化了革命传统教育和廉政警示教育。充分发挥纪念馆阵地作用，组织辖区广大师生开展“讲好红色故事、传承廉洁文化”系列活动，体悟革命先辈遗志，使学生从小养成崇廉尚廉践廉自觉。在浦口大地，工人们送“品重柱石”牌匾给王荷波，王荷波嘱托狱友“请求党组织对我的子女加强革命教育，千万别走和我相反的路”等故事在接力传唱。

王荷波纪念馆成为了党史党建教育基地。2012年6月，王荷波纪念馆被中共江苏省委宣传部公布为全省推进马克思主义大众化学习实践基地，同年12月被中共南京市委党史工作办公室公布为南京市党史教育基地；2013年8月被南京军区空军司令部公布为南京军区空军党风廉政教育基地，同年12月被中共江苏省纪委公布为江苏省廉政教育基地；2014年3月被中共南京市委市级机关工作委员会公布为南京市级机关党员干部教育基地；2015年7月被中共南京市委宣传部、市文明办公布为南京市社会主义核心价值观教育基地；2016年11月被中共南京市浦口区委组织部公布为浦口区党员干部现代化远程教育学用实践基地；2018年被江苏省委组织部公布为党员教育实境课堂示范点；2022年作为唯一的革命人物类红色地名，入选第三批《南京市红色地名名录》，同年入选江苏省第二批一百个红色地名名单。最近11年来，累计接待社会各界参观群体达8334批共计573449人次。浦口区委党校（浦口区行政学校）组织教师开发《铭记革命历史功绩　弘扬“品重柱石”风范》专题党课，并荣获南京市委党校（行政学院）系统第二届精品课。2022年1月，纪念馆入选中共南京市委党校（南京市行政学院）现场教学基地。

（二）石村抗日英雄纪念碑

1. 石村抗战历史涌现出无数抗战英雄

石村虽地处浦口区最偏远的边贸小集镇，但却是浦口区响当当的红色革命老区、红色传统教育基地。早在抗日战争时期，石村便是新四军打游击战的根据地。1939年至1945年期间，石村是新四军第二师与第七师交通线上的重要联络站之一。石村地形复杂，依山傍水，靠近秦山、剑山、驷马山、驷马河，独特的地理位置使其成为历代兵家必争之地。据传，该地发生了楚汉相争项羽败走垓下逃亡乌江前的最后一战；太平天国也曾在此驻扎重兵；在抗日战争期间，石村地区成为新四军和抗日游击队的活动根据地，前后共发生大小战役10余次，并涌现出了张智锦、周宗汉、关日辉、邓本硕等一批抗日烈士。

张智锦是在石村参加抗日斗争的烈士之一。他1918年出生，和县香泉人，年幼时因患小儿骨髓炎无钱医治，一条腿落下残疾。1939年3月，新四军东进时，张智锦经宋超介绍加入中国共产党，成为浦口革命老区东部地区第一个共产党员。新四军东进部队奉命撤离后，他先后发展偰怀镭、浦玉民、王苏民等一批同志加入中国共产党，并成立全面抗战时期江和全地区第一个党小组。1942年5月，中共江和全工委成立，张智锦开始参加工委的领导工作，担任江和全工委组织部长兼香泉区委书记。在任期间，他大力发动群众，不断发展地下抗日武装，积极开展对国民党乡镇政府人员的统战工作，特别是在开辟新四军第二师与第七师地下交通线等方面作出了突出贡献。1942年秋，由于叛徒告密他被日寇抓捕。面对敌人严刑拷打，张智锦宁死不屈。在牺牲前夜，他用石头在监狱墙上写诗明志：“寇气虽然炽，壮志何曾休。饮马三岛地，方除腹内愁！”1942年11月14日，张智锦被日寇杀害于香泉晓山脚下。

2. 石村抗战历史展现了伟大抗战精神

习近平总书记在纪念中国人民抗日战争暨世界反法西斯战争胜利75周年座谈会上发表重要讲话，深刻指出：“中国人民在抗日战争的壮阔进程中孕育出伟大抗战精神，向世界展示了天下兴亡、匹夫有责的爱国情怀，视死如归、宁死不屈的民族气节，不畏强暴、血战到底的英雄气概，百折不挠、坚忍不拔的必胜信念。”[①] 可以说，这一伟大抗战精神也在石村人民浴血奋战、保家卫国的生动场景中得到了具体体现。伟大抗战精神既是在14年抗战的硝烟和战火中锻造出来的，也是后来各个时期我们能够自强不息、勇往直前的力量源泉之一，更是新时代新征程上各行各业拼搏进取、开创未来的精神文化支撑。

3. 石村抗日英雄纪念碑的建成

一寸山河一寸血，一抔热土一抔魂。习近平总书记说：“理想之光不灭，信念之光不灭。我们一定要铭记烈士们的遗愿，永志不忘他们为之流血牺牲的伟大理想。”[②]1997年6月，原石桥乡党委、政府在抗日战争胜利50周年之际，修建了石村抗日英雄纪念碑，用以缅怀在浦口石桥一带为开辟、创建和保卫抗日民主根据地而光荣献身的革命先烈们，传承和弘扬伟大抗战精神。

4. 石村抗日英雄纪念碑的基本情况

石村抗日英雄纪念碑位于浦口区星甸街道石村秦山山顶。纪念碑占地面积550平方米，碑正面朝向东北，碑身宽1.34米、高7.6米，通向纪念碑的水泥路台阶长164米。纪念碑建成后，成为浦口区又一爱国主义教育基地。2021年，石村抗日英雄纪念碑入选南京市不可移动革命文物名录（第一批）。

5. 石村抗日英雄纪念碑的功能价值

依托石村抗日英雄纪念碑及周边相关旧址红色文化元素，2022年浦口区委党校（浦口区行政学校）联合职能部门和属地街道，在距离石村抗日英雄纪念碑约500米处打造约1600平方米的石村广场。通过

---

① 习近平：《在纪念中国人民抗日战争暨世界反法西斯战争胜利75周年座谈会上的讲话》，人民出版社2020年版，第8页。

② 《习近平谈治国理政》第2卷，外文出版社2017年版，第35页。

整合红色文化和当地特色资源，发挥现场教学阵地的干部培训、服务群众作用，让革命老区成为党员干部教育培训的生动课堂、聚智聚力破解发展难题的鲜活教材。目前已为浦口区各党员干部培训班次的现场教学提供保障，成为党员干部党性教育与为民服务的重要载体，以及学习宣传贯彻落实党的二十大精神的重要阵地。

每逢清明及“七一”，浦口区都会组织广大党员干部、学生到这里开展文明祭扫、祭奠活动，并邀请抗日英雄后代老党员周才桂等讲述红色革命故事，开展契合节日主题的革命传统教育。通过拍摄《向烈士致敬，让精神永存》系列短片，开发《缅怀不朽革命先烈，弘扬伟大抗战精神》专题党课等，开展形式多样、内容丰富的爱国主义和革命传统教育。依托与安徽五镇联合实施“毗邻党建”的基础优势，进一步厚植资源，放大亮点，深入挖掘革命先烈英雄事迹，切实把红色文化培育成带动地方产业提升和社会快速发展的拳头项目和品牌形象，努力“让红色地标活起来”，发挥红色纪念设施更大的教育作用和社会价值。

（三）浦口革命烈士纪念碑

1. 浦口革命烈士纪念碑的建设背景

抗日战争胜利后，中国人民热切期盼一个和平、民主的新社会。然而，中国共产党和中国人民维护国内和平与民主的努力，却受到来自国内外力量的严重阻碍。1946年6月，国民党不顾全国人民强烈反对，30余万国民党军发起对中原解放区的围攻，全面内战爆发。1949年1月，辽沈、淮海、平津三大战役胜利结束，共消灭国民党军队150多万人，其覆灭的命运已成定局。针对国民党反动派妄图倚仗长江天险，阻止解放大军南下的企图，毛泽东及时发出“将革命进行到底”

的伟大号召。随之，中共中央和中央军委作出了渡江战役的军事部署。而地处长江北岸、国民党首都外围、南北交通要冲的“三浦”地区，自然就成为了我军部署兵力、准备渡江作战的重地。在渡江战役打响之前，“三浦”地区是国民党政府唯一一个位于长江北岸，并且有重兵把守的军事据点。因此，人民解放军要想解放全南京，就必须拔除敌人江北最后的“桥头堡”。

1949年4月20日15时，第三十五军一〇三师所属三〇七团、三〇八团、三〇九团，对国民党第二十八军重兵把守的江浦县城形成全面合围态势。15时55分，人民解放军从朱家山头向城内敌人军事目标开炮，打响了“三浦战役”。当晚6时，三〇七团和三〇九团开始炮击县城外围的求雨山敌人军事目标，在一阵阵猛烈炮火攻击下，敌人的一个个据点被摧毁。当晚9时，攻城战斗正式开始，我军开始架云梯攻城，在激烈的战斗中，突击连牺牲大半，但他们仍然坚持战斗，誓死不下火线。三〇七团一营三连全体指战员与守城敌人激战至21日凌晨，敌人以坚固的城墙和暗堡作为屏障，用一个团和江浦伪政府保安大队约两个营的兵力，竭力顽抗，三〇七团一营三连突击连有120多人在攻城战斗中壮烈牺牲。21日凌晨3时前后，师首长亲临前线，下达总前委的命令，必须立即攻克江浦县城。人民解放军三〇七团一营三连、二营四连、三营七连，以及三〇九团三营九连奉命发起最后攻击。他们在一〇三师其他部队的配合下，浴血奋战大约8个小时，终于将负隅顽抗的敌人全部歼灭，一举攻克江浦县城。22日凌晨，浦镇、浦口也全线解放。“三浦战役”歼敌500多人，俘虏1000多人，尽管只是恢宏渡江战役画卷的一角，但彻底清除了国民党残部盘踞在长江北岸的重要据点和城防工事，为解放南京扫清了外围障碍，大大加速了南京解放的历史进程。

2. 浦口革命烈士纪念碑的建成

“魂魄托日月，肝胆映河山；正气留千古，丹心照万年。”在浦口这片红色土地上，无数仁人志士为了民族独立与人民解放抛头颅、洒热血，他们是时代的先锋、民族的脊梁。为纪念在解放江浦、浦镇、浦口战斗中英勇牺牲的指战员们，缅怀革命先烈的光辉业绩和崇高精神，1957年4月江浦县经报江苏省人民委员会批准，在凤凰山顶建立“浦口革命烈士纪念碑”，上刻“革命烈士永垂不朽”几个大字。1999年4月，中共江浦县委、县人民政府决定，易地在求雨山山顶重建该纪念碑，新碑于2000年4月落成。

3. 浦口革命烈士纪念碑的基本情况

浦口革命烈士纪念碑位于浦口区江浦街道求雨山顶，占地面积1880平方米。碑身用钢筋混凝土浇筑，外挂花岗岩，宽2.4米，高19.99米。碑身正面刻字“革命烈士永垂不朽”，背面刻字“革命烈士纪念碑”和碑文。碑左侧是庄严的入党誓词。碑体形如风帆，又似利剑、火炬，寓意江浦人民世代不忘革命先烈，秉承遗志，奋发进取，勇往直前。浦口革命烈士纪念碑建成后，先后成为南京市党史学习教育基地、江苏省爱国主义教育基地，同时作为当年“三浦战役”战场故址，2021年入选南京市不可移动革命文物名录（第一批）。

4. 浦口革命烈士纪念碑的功能价值

如今，战火硝烟散去，求雨山成为今人的凭吊场所，浦口革命烈士纪念碑前广场开阔整洁，四周青松环抱。纪念碑广场旁边的求雨山文化名人馆，已经成为江苏乃至全国独具特色的文化传统教育和革命传统教育的群体名人纪念馆，凤凰山也已成为一座免费向市民开放的公园，山顶上矗立着古色古香的凤凰阁，早已看不出当年战争的痕迹。珍珠泉景区沿着大顶山、二顶山、三顶山三个制高点，修建了“南京万米长城”，一度成为南京近郊的热门景点，让新时代的人们“不忘来时路”，缅怀革命前辈的丰功伟绩，更加坚定砥砺前行的革命意志，更加坚定艰苦奋斗的革命精神，更加坚定为实现中华民族伟大复兴而不懈奋斗的信心和勇气。

（四）“三浦战役”史料陈列室

1.“三浦战役”的胜利

“三浦”，即江浦、浦镇和浦口地区，地处长江北岸，是南京的“北大门”，自古就有“金陵天然屏障”之称。这是一块红色的土地、英雄的土地，也是当年人民解放军解放南京的起始点。“三浦战役”虽然只是恢宏的渡江作战画卷的一角，但它打开了南京的北大门，是京沪杭战役的前哨战和渡江战役的重要组成部分，因而对渡江战役的胜利、南京的解放、蒋家王朝覆灭具有十分重要的现实意义和战略价值，其中蕴含有重要的红色资源。可以说，正是“三浦”地区的解放，清除了国民党政府唯一一个位于长江北岸并且重兵把守的军事据点，打开了国民党固若金汤“长江防线”的缺口，奠定了人民解放军在长江中线渡江整个行动胜利的基础，动摇了国民党统治的军心，为迅速占领南京、推翻蒋家王朝反动统治创造了有利条件。

1949年初，随着“三大战役”的胜利，人民解放军厉兵秣马、剑指江南，“打过长江去，解放全中国”指日可待。1949年4月，人民解放军百万雄师直抵长江北岸一线，国民党政权覆灭在即。4月20日，国民党政府拒绝在《国内和平协定》上签字，和谈宣告破裂。按照人民解放军总部及其前线指挥部的命令，人民解放军第三十五军即于当日正式发起解放江浦、浦镇、浦口的“三浦战役”，拉开了史无前例的渡江战役的序幕。

“三浦战役”中最激烈、最艰苦的战斗为攻克江浦县城，整个战役一〇三师牺牲250多人、伤400多人，共计伤亡700多人。为了人民的解放、新中国的成立，英勇的人民解放军指战员，发扬大无畏的革命精神和英雄主义气概，不怕艰难困苦，不怕流血牺牲，向装备精良、工事坚固的国民党守敌发起猛烈攻击，霎时间，“三浦”大地上炮声隆隆、硝烟弥漫、烽火连天，经过3天浴血奋战，解放了“三浦”全境。

2.“三浦战役”史料陈列室的建成

2021年，为纪念在“三浦战役”中牺牲的革命先烈，浦口区档案馆（区委党史办）利用企业公益出让的房屋在老山脚下当年人民解放军驻扎、战斗过的地方，建设了一个红色教育公益基地——“三浦战役”史料陈列室，以全景式多维度还原1949年4月20日在江浦、浦镇、浦口打响的“三浦战役”。2021年9月30日，“三浦战役”史料陈列室以浦口区委理论学习中心组举行现场学习会的形式宣布正式对外开放。

3.“三浦战役”史料陈列室的基本情况

“三浦战役”史料陈列室位于南京市浦口区汤泉街道龙井社区，占地面积约1000平方米。展馆包括主展厅、院落景观、红色书局、红色教育室、展览室、交流活动室、地标、照壁宣誓区等。其中，主展厅占地面积500多平方米，通过“枕戈待渡　决胜千里”“渡江序幕　鏖战三浦”“大江飞渡　红旗飘扬”“胜利足迹　继往开来”四章节，运用自动滑轨屏、VR体验机、投影仪、触摸屏及视频等多媒体技术，高度还原当年渡江誓师大会、“三浦战役”浴血奋战、“京电”号小火轮渡江、红旗插上总统府等场景，展现“三浦战役”全过程以及解放军将士不怕牺牲、勇往直前的革命精神，强化爱国主义教育，传承红色基因。同时，该展馆借助《激战江浦》、功劳证、三十五军回忆口述“三浦战役”等珍贵史料，在既定的空间范围内，营造出将视觉、听觉、触觉三者融为一体的感官体验。

4.“三浦战役”史料陈列室的功能价值

“三浦战役”史料陈列室是南京市首家以展陈“三浦战役”为主要内容的永久性宣教阵地。借助浦口特色红色资源，突出浦口文化底蕴，完善阵地建设，加强特色、互动、科学三大要素，旨在将其打造成浦口区内首家具有示范辐射效应的红色教学实训基地，发挥红色资源涵养初心、崇德明志、服务群众的作用。通过实景式、沉浸式、自助式展陈，纪念革命先辈，进一步用红色资源涵养初心、崇德明志、服务群众，使广大参观者深刻认识到革命胜利来之不易、红色政权来之不易、新中国来之不易、中国特色社会主义来之不易以及幸福生活来之不易。自开放以来共接待机关、院校、企事业单位等参观近400批1.5万人次。浦口区委党校（浦口区行政学校）组织教师打造《“三浦战役”的制胜之道与启示》专题党课，缅怀革命英烈，传承红色基因。另外，形成“激战江浦”快板演绎，拍摄《渡江序幕——“三浦战役”纪实》《激战江浦》等视频，实现了党建在基层的本土化。

（五）侯冲村史展览馆

1. 侯冲村的基本情况

浦口拥有灿烂的农业文明历史，在改革开放大潮下，随着新型城镇化建设和美丽乡村建设的深入开展，在党的正确领导下，各方共同努力，现今浦口区镇村面貌发生了翻天覆地的变化。村史馆不仅仅是“存史之家”，也是育人之地、资政之家，是记录地方沿革、乡村文化、民宿风情的重要载体，对于传承乡村记忆有着重要作用。

侯冲社区地处老山北麓、滁河南岸，依山傍水，境内有延绵不断的老山，有蜿蜒曲折的沿山河，有侯冲水库，还有姚徐湾，是浦口区北大门。近年来，在历任村党支部书记的带领下，侯冲人积极探索乡村振兴的新模式，成立侯冲种植专业合作社，创建侯冲工业园、南工大绿色建筑产业科技园，大力发展各领域产业，推动侯冲从一个闭塞、贫困、落后的山村转变为开放、文明、先进的社区，先后获得“南京市综合实力百强村”“南京市社会主义新农村建设先进单位”“南京最美乡村”“江苏省生态宜居美丽乡村示范村”“全国创建文明村镇先进村镇”“中国美丽休闲乡村”“中国最美村镇”“全国文明村镇”“全国乡村旅游重点村”等。

侯冲村民走上致富路的经验，被中宣部列为全国新农村建设11个推荐先进典型之一。中央电视台、《人民日报》、《新华日报》等中央、省、市26家新闻媒体纷纷予以采访报道，侯冲村一度成为社会主义新农村建设的样板。

2. 侯冲村史展览馆的基本情况

侯冲村史展览馆坐落于南京市浦口区永宁街道侯冲社区，占地面积约1000平方米，总投资800万元，于2015年正式对外开放。展览馆由狮佑福地牌坊、朱家牌坊及三个展厅组成。其中“山高水长——侯冲历史展厅”通过“狮临福地、龙降人间”“生生不息、薪火相传”“历史遗韵、重现新风”“风月年轮、岁月侯冲”等展现了老山脚下、滁河之畔的厚重土地是如何滋养一代又一代侯冲人的；“花繁果茂——侯冲面貌展厅”通过“风雨兼程、根基永固”“因地制宜、积功兴业”“百花齐放、人文荟萃”等主要介绍了侯冲地区的政治建设、经济建设和文化建设；“鸿鹄之志——侯冲梦想展厅”通过“以人为本、欣欣向荣”“和谐文明、万家灯火”等主要展示了侯冲社区未来的规划蓝图和发展路径，介绍了侯冲名人和幸福家庭。展览馆从侯冲的传统民俗、手狮舞、基层党建工作、经济发展等多个角度分别展示侯冲的历史、人文、成就和未来规划。

3. 侯冲村史展览馆的功能价值

侯冲村史展览馆以“美丽乡村”为出发点，从历史沿革、文化传承、村落文化、乡贤名人、民俗风情和特色成就等各方面，全面展现了侯冲的政治、经济、文化齐头并进，村民、家庭、社区处处和谐的幸福景象，彰显了侯冲人自古以来的智慧和勤奋。自建成以来，各机关党员干部等相继来馆参观。同时该馆还展现了“党支部建在协会上”的党建工作经验。在侯冲村史展览馆中，我们可以充分领略侯冲悠久深厚的历史，展望侯冲繁荣向上的未来，相信在基层党组织的带领下，侯冲必将走向更加美好灿烂的未来。

二、新时代浦口区红色资源保护与发展面临的机遇

在进入新时代的今天，浦口区红色资源在保护与发展过程中面临着日益发展的市场经济环境、逐步完善的民主法制政治环境、迅速发展的文化环境和不断走向公平正义和谐的社会环境等，这些环境和条件为红色资源的保护与发展提供了良好条件与难得机遇。

（一）国家发展战略为红色文化传承提供政策支持

改革开放以来特别是进入新时代，党和国家高度重视红色文化的传承创新和价值实现，习近平总书记多次到革命老区进行调研考察和实地走访，并就红色文化传承创新的重要意义和对策举措发表了一系列重要论述，中央也出台了若干的方针、政策、实施纲要和专门性文件，提出了坚定文化自信与建设文化强国、乡村振兴战略、文化与旅游产业融合发展等，为新时代红色资源保护开发提供了制度保障和政

策支撑。同时，中央先后组织开展“两学一做”学习教育、“不忘初心、牢记使命”主题教育与党史学习教育等红色主题实践教育活动，积极建设红色文化教育基地，鼓励研发红色文化创意产品，把红色文化作为新时代对普通公民进行爱国主义教育的重要内容。

（二）“中国之治”为红色资源保护创造良好条件

新中国成立70多年来，我们党领导人民创造了经济快速发展和社会长期稳定“两大奇迹”，彰显了“中国之治”的制度优势和强大生命力。首先，国内繁荣稳定的经济发展，使得人民群众在满足物质生活需要之后，有了对精神生活满足和追求的强烈意愿、底气与能力。其次，“中国之治”特别是“坚持全国一盘棋，调动各方面积极性，集中力量办大事”的制度优势，构成了新时代红色文化传承创新和价值实现有力的制度保障。再次，社会主义核心价值观引领文化建设取得重大进展，中华民族大家庭形成强烈的文化认同感、归属感和向心力，中华各民族共同体意识逐步增强，这为新时代红色文化传承创新和价值实现提供了良好的文化环境。

（三）“一带一路”为红色文化对外交流提供机遇

“一带一路”是指丝绸之路经济带和21世纪海上丝绸之路，这一发展战略为红色文化的对外交流提供了良好机遇。首先，“一带一路”倡议的实施与推进使中国与沿线国家密切交往和频繁互动，这为红色文化对外交流提供了良好外部环境。其次，“一带一路”建设为红色文化产业开拓了广阔市场，为红色文化发展提供了经济动力。再次，“一带一路”建设为红色文化对外交流提供了人文基础，国外媒体拍摄了很多展示中国历史文化、民俗习惯和地理环境的纪录片，国外对中国文化的认同度不断提升，也有助于唤起国人对本国、本民族文化的理论自觉和实践自觉，进而增强文化自信和历史自信，并在此基础上不断提升中华文化的全球传播力和国际影响力。

（四）网络媒体技术为红色文化价值实现拓展空间

进入新时代以来，随着互联网信息技术的快速发展，以人工智能、互联网、云计算、大数据等为代表的新兴媒介层出不穷，网络媒体的深度融合极大拓展了红色文化的传承创新和价值实现空间。一方面，红色文化传播方式日趋多样化。网络媒体构建了线上与线下相结合、虚拟与现实相补充的立体传播模式，比如借助网站、微博、微信、抖音、快手、今日头条、学习强国等媒介平台展现红色文化资源，创新了新时代红色文化传承创新和价值实现的载体，让红色文化的表现形式和传播手段更加丰富多样。另一方面，红色文化传播内容更加丰富化。这让受众能够全方位、多角度、多层次地体悟和感受红色场景与革命精神，从而激发其爱国主义情感，强化其责任担当意识，最终必将有效提升红色文化的感染力、吸引力和影响力。

第三节

浦口红色资源保护困境与现实挑战

红色资源见证了中国共产党艰辛而伟大的奋斗历程，是久经岁月洗礼而留下的宝贵精神财富。近年来，浦口区依托丰富的红色资源，打造红色革命文化，取得了一定的经济效益和良好的社会效益。当然，在具体实施和推进过程中，浦口区红色资源的保护与挖掘利用依然存在薄弱环节。

一、对红色资源的理解定位还有一定局限性

一是目前一些人对红色资源的理解和把握，仍局限于新民主主义革命时期和革命文物，也有部分人把对红色资源的挖掘与利用研究延伸到社会主义革命和建设时期，但很少有人把改革开放和社会主义现代化建设新时期，特别是中国特色社会主义新时代的奋斗精神、历程、成果等看作是红色资源。对这部分保留比较系统、实践价值也更明显的红色资源研究比较薄弱，重视程度较低。比如侯冲村史展览馆等集中展现改革开放后尤其是党的十八大以后出现的崭新变化，浦口区红色资源挖掘利用程度还有待深入。还有一些红色资源没有深度挖掘并向群众开放或作为“革命教育基地”。

二是对待红色资源存在一些重视物质层面而忽略精神层面挖掘的现象。红色资源不仅包括革命遗址和博物馆等物质层面的资源，还包

括仍然健在的红军老战士、抗战老兵、烈士遗嘱、抢险救灾一线亲历者的口述历史、回忆录，党史研究机构和学者的学术成果等精神层面的资源。而现实中部分人一提到红色资源就会想到红色旅游景点和革命文物等硬件设施，而对代表精神力量的人物则关注、宣传较少。浦口老区革命英烈如王荷波、买雨田、孙津川、吴芳、张智锦、秦学贤、钱海如、宋国相、成学如、周光裕等，浦口民众虽有耳闻，但对其革命事迹了解不多，革命精神理解不够透彻，革命内涵理解不够深刻。

三是在开展红色文化教育中存在重组织轻活动、重形式轻内容、重过程轻结果的现象。部分红色文化的宣传者和教育者自身并未真正认同红色文化的价值，未投入自己的感情或站在宣传对象和教育对象的角度，只是把宣讲当成任务来完成，没有取得实质性的效果。有些单位在进行红色文化纪念活动时，流于形式"走过场"，在重大节庆日、纪念日时拉党旗、拍照片，搞所谓的"形象工程""政绩工程""面子工程"，制约了红色文化本应彰显的正向激励作用和积极引领价值。

二、红色文化保护主体性未得到充分发挥

一是部分村落出现人屋分离，影响红色文化传承。作为农业社会生产生活的载体，红色文化所在的村落在农耕文明向现代文明过渡中发生着巨大变迁，村民纷纷背井离乡进城务工、就学、就业，村落人口不断减少以致逐渐空心化。而在乡村振兴战略背景下，如何保护红色文化价值也是一种新的挑战。承载着农耕文明与文化传承的主体是原住村民，原住民一旦离去，村落便失去了原本的社会生态。现阶段村落开发多以政府主导，村民在开发过程中几乎没有参与感，也很难

享受到开发成果。目前浦口在非物质文化遗产的传承上，原住民的主体性并未得到发挥，部分村落出现人屋分离和“赶村民上楼”等乱象，人屋分离导致村落空心化，影响村落文化传承。无论是因为城镇化中的自动迁移还是因旅游开发的被动迁移，都存在村落空心化现象，这需要有关部门给予关注和重视。

二是一些红色文化遗存产权不明确，导致保护主体相互推诿责任。随着浦口经济社会发展迅速，城乡建设日新月异，社会环境的冲击导致一些红色资源存在不同程度的破坏或者损毁。尤其是一些红色文化遗址分布在较偏远、落后的农村地区，存在产权归属不明确、保护主体责任缺位或是相互推诿的情况，又因为周边居民文化水平不高，对红色资源的保护意识观念也较为淡薄，还易出现逢年过节在革命旧址烧纸或随意堆放生产工具造成革命文物损坏等问题。部分红色资源因年久失修或者自然侵蚀面临消失的风险，尤其是一些革命遗址交通相对闭塞，保护观念不强，遭到不同程度的破坏损毁。如石村抗日英雄纪念碑等烈士纪念设施的日常管理和维修保护亟待加强。

三、红色资源的保护整合力度还需要进一步加强

一是保护红色资源合力有待加强。红色资源属于不可再生的宝贵资源，对其挖掘利用和保护是一个系统性工程，涉及党史办、文化和旅游部、民政部、宣传部等多个部门，以及区、街道、社区等不同层级，需要各单位各部门相互合作、协调联动。但就浦口区现实情况来说，各个部门之间协作配合少，没有做到资源整合、部门合力，在实际保护过程中存在责任主体不明、缺乏整体配合的问题，特别是部分革命遗址日常管理或多或少存在“无专门机构负责、无专人管理、无

资金维护”的问题。如王荷波纪念馆隶属江北新区，石村抗日英雄纪念碑隶属星甸街道，浦口革命烈士纪念碑隶属浦口区退役军人事务局，“三浦战役”史料陈列室隶属浦口区党史办，侯冲村史展览馆隶属永宁街道等，红色资源所属部门管理权限存在交叉，各级行政职权重合，缺乏统一的管理办法，使得红色资源的挖掘利用缺乏系统性，无法从整体层面把红色资源纳入到文化发展全局来部署。

二是开发利用协同性有待加深。红色资源是利用党史铸魂育人，需要自上到下地统管起来，有计划、有分工、有落实地抓红色资源开发、运用工作。目前，浦口区红色资源比较分散，尚未串点成线，织线成面，现有的红色资源仍是由各个街道、社区单独、孤立地开发利用。除了对主要的、广为人知的红色资源进行有效整合、联合运作以外，广泛分布于多个地区的红色资源出现了“单打独斗”的现象，相互间统筹联系少，红色资源开发利用的协同性、系统性没有形成。与南京主城区等红色资源丰富地区更是缺乏有效深入的合作。如星甸街道石村和江浦街道内的红色资源没有系统地整合，片段式和分散式的革命事迹叙述，显得突兀和单薄，无法历史、系统、连贯地体现浦口革命斗争史。此外，档案文献、图片、实物等党史资源分散在不同部门，整合利用明显不够，规模效应无从发挥，对创建红色教育品牌构成制约，从而出现了各个红色资源各自为战、有点无线、缺乏协同等现象，严重限制浦口区红色资源整体效应的发挥和红色教育品牌的打造。

三是保护红色资源重视不够。有些地方对红色资源的开发利用不到位，经营模式混乱，直接影响到了红色资源的作用与形象。目前已开发的红色资源项目中，有不少存在日常维护和修缮资金短缺、保护不力等问题。部分红色资源旧址已毁损，只能记住地址。如南京地区第一个农村党支部——中共九袱洲支部遗址和中共南京市第一次代表大会遗址，这两处具有代表性的红色遗址目前已毁损。在红色资源保护管理方面缺少具体的法律法规和有力的规章制度，致使重视程度不够、保护意识薄弱、管理体制不畅等问题，急需从法规和制度层面上进行优化。

四、红色资源利用程度有待持续深入

一是红色资源开发缺少区域特色，难以有效推动旅游经济发展。浦口区的红色资源在南京市具有一定的知名度和影响力，但在市外、省外的知晓度和美誉度不高。红色资源底蕴和内涵研究探讨不够，多是局限于参观革命旧址设施、纪念场馆，展览内容简单、陈列手段落后、讲解水平一般，同质化的布局、教科书式的引导缺乏吸引力和感染力，导致红色资源教育功能弱化，推动旅游经济发展也有限。如石村抗日英雄纪念碑，现场仅竖立四块展览牌介绍石村英雄史，图文介绍停留在简单的历史事件介绍，对故事生动性和精神提炼挖掘不够深，也没有调动村民参与到旅游开发中，欠缺对红色资源的系统研究且实物展示不够丰富，有待进一步充实完善。

二是品牌影响力不够，难以吸引年轻旅游消费者。红色资源的宣介推广，在形式、内容、手段等方面亟待提升。目前，一些红色资源的开发仅停留在史实讲解的层面，对背后的历史逻辑、理论逻辑和实践逻辑没有做深入的阐释。历史故事多以大广角、高视野展开，但是细节点、故事性均较为薄弱，难以给观看者留下深刻记忆。面对年轻的受众，参观展览、观光红色经典、观看红色主题影片等传统的游览形式，缺乏互动性和趣味性。特别是在红色文创产品、红色品牌活动的设计创作中，缺乏吸引年轻人关注的红色元素，不能满足当下年轻旅游消费者的文化需求。

三是周边配套设施不完善，跟不上时代发展需求。一些红色资源周边基础设施落后，交通、食宿条件较差，再加上投入不足等问题，使部分红色教育资源的配套设施发展跟不上时代需求。部分红色旅游景点因硬件维护和软件投入不足的原因，导致在红色景点中革命文物保护标志说明牌位置不醒目、字迹不清晰，缺少相应的保护措施标识，景点内环境脏乱差，严重影响其历史、科学、红色教育价值。

五、红色资源政策宣传有待进一步推广

一是研究、推介和宣传红色资源的方式较单一。目前部分地区的红色文化宣传途径多以传统的报刊书籍等纸质媒介、广播影视等电子媒介、参观红色革命旧址和纪念馆等方式为主。其中，有些纸质媒介在宣传内容和形式上缺乏灵活性，电子媒介呈现时间较短、渠道单一，革命旧址的参观展览趋于模式化。这些宣传方式在氛围营造、内涵表达、互动体验等方面缺乏吸引力和时代气息，很难深刻触动和震撼人们的内心，导致青年一代对红色文化关注不够、感受不深、认识不足。经调研走访了解到，当地民众对王荷波的历史影响大多了解，但对陈兆春等“两浦八烈士”的红色革命历史却知之不多。说明当地民众对浦口区红色资源的整体认知程度有待全面提高。

二是高质量传播红色文化的专业人才较缺乏。个别红色旅游景区工作人员有的对红色文化背景知识掌握不足，讲解所要求的专业素质不够硬，个别红色导游员和解说员所编写的解说词不能充分反映红色景区的文化内涵，只能照本宣科做讲解，就事论事说故事，教育内容

缺乏理论深度、情感温度，个别的甚至不讲正史讲野史，制造贩卖噱头，内容缺少嚼头，既影响红色教育的严肃性，又缺乏针对性实效性。

三是重视红色资源的文化政治意义不得力。对红色资源的挖掘利用，过分强调其经济意义，忽视了其文化意义和政治意义。一些街道、社区以红色资源开发为契机发展红色旅游，但过分热衷于谋求经济利益，对红色资源的思想内涵缺乏深入研究和挖掘。有的革命遗址和纪念馆过于商业化，对文化精髓不能把握，存在着红色元素逐渐淡化、宣传史实不严谨、商业氛围过于浓厚等问题，造成餐饮、购物、娱乐设施“反客为主”。

第四节

活化利用红色资源助推浦口高质量发展

红色资源的珍贵价值，不仅在于它的历史光辉，更在于它在当下依然能带给我们思考和精神滋养。进入中国特色社会主义新时代，我们要用好红色资源，传承好红色基因，让红色文化成为促进经济社会高质量发展的重要载体和精神动力，就要积极探索、努力探求新时代红色文化价值实现的有效路径。

一、铸魂育人，深入挖掘红色文化精神内涵

（一）大力实施红色资源普查工程

走访革命前辈、烈士遗属、专家学者、民间收藏人士等，挖掘和征集浦口地区红色文物史料，摸清红色资源的点、线、面，建立红色资源库；对现存革命遗址遗迹进行分类梳理，修缮开发保护一批具有重要价值的革命史迹；系统开展浦口区红色资源的认定、定级、建账和建档工作，确保红色资源有保护范围、保护标志、记录档案、保管机构；系统梳理全区红色资源保护单位，厘清和明确属地责任及主体责任；系统区分全区红色资源保护人才队伍，明确具体职责和直接责任；系统实施专题调查研究，评估分析全区红色资源保护现状，制定正面清单、负面清单，明确保护清单、责任清单；定期公布一批区

级文物保护单位，申报一批市级及以上文物保护单位，对全区红色资源进行系统保护和长效管理，明确职责，严肃奖惩，确保安全，加强利用。

（二）深入发掘红色资源文化内涵

组织或邀请国内党史、军史、文物等方面的专家开展红色资源的专题研究，梳理中国共产党各个时期在浦口的主要足迹和事迹，整理红色史迹，多层网络构建，多专业学术跟进，形成理论和现实的专业合力。对红色文化资源进行有重点、有梯度、有分类的专业性挖掘和整合利用，制定开发时间表、形成开发路线图、落实开发资金，让专业化开发队伍的功能实现成果最大化和质量最优化。加强对辖区革命文物和文献资料的保护、征集整理和研究利用，规范解说词、导游词，创新展览和参观的形式，让大家在直观、生动、鲜活的现场教育中领悟革命精神的深邃，受到心灵的洗礼、精神的激励和思想的启迪。加强对红色遗址、革命文物及其承载的革命历史和革命文化的研究，深入挖掘革命文物的历史内涵、精神内涵和当代价值。要通过举办红色知识竞答，以及红色文化征文、征联、征诗比赛，红色诗歌朗读比赛，红色歌谣大比拼，广泛征集富有地方特色的红色资源口号、宣传语言及红色主题曲等，着力提高人们对红色文化的重视程度和参与度。

（三）加大对红色资源的学术研究

要以习近平新时代中国特色社会主义思想为指导，围绕和紧扣浦口红色历史展开重点研究，进一步细化相关专题史研究，加强对浦口革命文物及红色基地的基础性、学理性研究。根据学习、宣传、研究浦口红色文化和红色历史需要，编写浦口区红色文化特色案例教材、新时代文明实践教材。搭建浦口地区专家智库，加强红色资源研究阐释和学术交流，有组织地开展红色文脉的研究。党史办主要负责和研究人员、党校的理论教师、各文旅部门的相关领导和专业红色旅游开发人员等成立一支高水平专业化开发队伍，对红色文化资源进行系统、全面、科学的理论研究和内涵挖掘。开展革命遗址系列故事创作项目，重点围绕党领导浦口人民在各个时期奋斗奋进的足迹，邀请作家创作、出版红色历史和故事，充分展示和利用浦口的红色资源，不断发掘和展现中国共产党的文化基因、精神灵魂和历史根脉。

二、集群创新，持续培育红色遗产传承主体

（一）创新红色资源的人才队伍建设

建设一支素质高、能力强、结构层次合理的红色文化人才队伍是推进新时代红色文化传承创新与价值实现的重要因素。重视和组建一个红色文化资源管理的专责机构，配齐建强相应的领导班子和骨干队伍，加强对红色文化资源管理的组织领导，提升各级党委、政府、地方文化、文物、遗址管理等相关职能部门以及全体社会成员的政治意识、责任意识、价值意识和保护意识。加强红色文化人才的培训力度，重点加强红色文化人才的职业道德、规范服务、历史知识等业务技能培训，增强其工作责任心和使命感。加强与科研单位和高校合作培养培训专业人才，通过畅通晋升渠道，提高福利待遇，培养和训练一批具有较高文化艺术素养和创新能力，同时又懂得特色文化产业经营管理规律的拔尖人才。组建一支红色文化志愿者队伍，聘请当地的红色革命后代以及熟悉或精通革命历史的有志人士做解说员，对志愿者定

期组织培训并完善激励机制，打造高素质的红色文艺工作团队，编排出广大群众喜闻乐见的系列文艺精品，发挥好红色文化启迪思想、凝心聚力、引领风尚的重要作用和社会价值。倡导和践行讲好红色故事人人有责、人人参与、人人共享的新理念，为新时代红色文化的传承创新和价值实现营造良好的社会整体环境氛围。

（二）加大红色精品课程的开发力度

紧紧围绕区委区政府中心工作、红色历史和红色文化研究成果，进一步完善红色精品课程体系。将辖区内丰富的红色资源作为生动的教材，开发一批党员干部、普通群众喜闻乐见的地方党史党建课，不断提高区史区情教育课程的质量水平。持续深入挖掘红色资源，成体系开发课程，创新课程形式，打造主题突出、内涵丰富、富有时代性和感染力的红色教育微党课、精品课程。定期定量邀请党员领导干部、村（社区）优秀党支部书记、专家学者等进党校、进机关、进社区、进企业授课，并将相关主讲人员纳入各级党校兼职教师名单，扩充党的创新理论的宣讲队伍。

（三）搭建特色的红色文化教学基地

围绕干部能力提升设计多种授课形式，合理调配专题教学与现场教学、红色教育与能力提升的比重，增强其干事创业的积极性。为此，要将具有特色的红色文化资源纳入党员培训现场教学点，提升红色文化资源的知名度、现场参观人数和实际培训效果。通过拓宽“体验式”教学的范围，加大党课培训外出现场教学的力度，让党员干部在体验式实地培训中增强带入感。根据不同的红色文化资源进行不同的现场教学，努力将场地合理化设计、将现代高科技装备配备运用到具体的现场教学中，将现场教学、微党课、VR 情景模拟等多样化方式融入培训教学中。尤其要注重红色文化资源的特色性，具体到不同的现场教学点，既可“单兵成战”，也可“联合出击”，总之，可以通过线路的科学串联，将红色文化资源进行整合利用。

三、协同治理，充分整合红色资源管理体制

（一）统筹全区红色资源保护利用规划

将红色资源的保护利用纳入全区发展规划，把红色资源的保护、利用和开发工作作为高质量发展的重要举措之一来谋划，需要打造具有浦口特色的红色产业链。区级层面成立由党委、政府及有关部门参加的红色资源保护利用协调领导机构，专门设立全区红色资源保护利用和红色旅游产业发展办公室，统筹人力、物力和财力，做好红色资源的整体规划、统筹协调工作，进一步提高红色资源党性教育资源开发利用的整体水平。搭建多部门协调联动的沟通平台，系统梳理区域内现有的革命史料和红色遗迹，突出重点，以点带面。对全区的红色资源进行统一整合、规划，把全区的红色资源连成线、形成片、构成网。从政策和经费上加大对红色资源所在地的支持力度，有计划地整体推进当地的交通、水电、通信等基础设施建设，改善旅游业发展条件及投资环境，实现红色资源保护利用与当地经济社会共同发展。

（二）加强联动整合红色资源管理机制

红色文化的传承发展涉及教育、文化、旅游等相关领域与部门，一方面要依靠各级政府、各地文物局、文旅局等主管部门和大型国有

企事业单位的主导作用，同时也要重视个人和社会组织等民间力量和社会力量的广泛有序参与。积极探索政府、学校、企业、社会组织多重机构参与管理模式，充分发挥政府的政策引导监督作用，发挥学校在红色文化价值实现中的教育功能，借助企业在红色文化市场化方面的运作优势，鼓励社会团体、基金会、社会服务机构等社会组织的积极参与。坚持政府推动、多方参与，加强政府部门与相关组织之间的协调合作、紧密配合、协同创新，整合多方力量，形成强大工作合力。

（三）完善红色资源相关政策法规

红色文化的传承发展既需要完善的体制机制来积极推动，也需要法律法规的有力保障。红色文化遗产属于一种特殊的、珍贵的历史与文化遗产，除了包括有形的物质文化遗产，还包括无形的精神文化遗产。虽然国家出台了《中华人民共和国知识产权法》《中华人民共和国文物保护法》等法律法规，印发了《关于实施革命文物保护利用工程的意见》《全国红色旅游发展规划纲要》等一系列文件。这些为新时代红色文化的传承创新和价值实现提供了坚强的制度和政策保障。但针对各地具体的管理办法、细则和条例还不太完善，因而在具体的实践中还要结合各地实践经验进一步丰富完善各地政策法规，从而更好地体现完善的政策法规对红色文化传承发展的保驾护航功能。

（四）严格规范红色资源保护利用工作

开展文物、文献等资源的收集建档，把革命文物和文献资料的建档视为基础工程。建立完善革命文物保护利用各项制度，结合文物普查，摸清红色资源底数，切实加大革命遗址的保护力度。划拨经费从民间征集革命文物，广泛搜集整理红色历史、红色文化，鼓励广大群众积极捐献革命历史文物，全面开展红色革命历史、革命故事搜集工作。将现有的革命遗址等全部列入文物保护单位，依照《中华人民共和国文物保护法》进行管理，明确红色资源的分类定级、保护目标、经费保障、项目开发、责任追究等原则，从而确保红色资源的保护利用能够规范运行。

四、精益运营，合力构建红色关联产业链条

（一）构建区域互联、城乡互动的大格局

利用区域整体优势，借助文商旅集团等平台，打通区内外、市内外乃至省内外的各红色资源的交通盲点，变孤景为群景，将各地优质红色资源“串联成线”，形成教育矩阵，自然融入全域旅游。打破行政区划和行业界限的拘束，站在更高角度和更宽视野，把本地的红色资源与省内、国内的红色资源，红色线路统筹结合起来，实现资源的有效整合，全力打造具有浦口地方特色的红色旅游品牌和红色旅游线路。深化与历史相似、地缘相近的周边城市的合作，实现资源共建共享。通过辖内红色革命遗址结对共建，互设宣讲基地、互鉴优秀成果、互派干部挂职、互组干部教育培训，从而共谋新时代合作新篇章。

（二）修缮红色资源基础设施

实施红色遗存遗迹保护修缮提升工程，着重修缮维护一批重点工程。通过推出精品、嵌入科技、调整结构、创新手段、扩大规模等方式方法着力改进展览水平，让平面、无声、静止的遗址“活起来”。如“二七大罢工”纪念馆面积小、设施旧、交通差，周边无配套设施，中

共南京市第一次代表大会遗址、第一个农村党支部遗址毁损严重，建议择址扩建“二七大罢工”纪念馆、新建中共南京市第一次代表大会遗址和第一个农村党支部遗址陈列馆，维护历史风貌和红色文化传统，为后代留住红色记忆，努力发挥好红色文化的资源作用。完善革命烈士祭奠场所配套设施，丰富祭奠内容，强化外化于行、内化于心的爱国主义教育效果。完善周边基础配套设施，实施红色遗址遗迹陈列改造提升工程，进一步收集整理近年来浦口红色资源研究和挖掘成果，引入国内一流展陈设计团队，借助科技手段优化展陈水平。定期推出主题展览和流动展览，策划打造一批主题突出、内涵丰富、形式新颖的红色文物陈列展览精品。集展示、传播、体验、交互等功能于一体，以点带面，让受众从浦口这个“窗口”去了解、观察和思考中国近现代史、中国共产党历史、中华人民共和国史和改革开放史的宏大背景。

（三）开发红色文旅精品路线

建议将红色旅游、革命遗址遗迹的开发与利用整体纳入全区全域旅游发展规划，逐步建设和开发经典红色旅游景点，与浦口生态旅游、美丽乡村旅游等融为一体，开发和打造出精品旅游线路；依托区内丰富的红色文化资源，利用景点周边群众的民俗特色，发展富有地方风情的饮宿服务、农家乐服务，提高接待能力，充分实现与当地深厚的革命文化、民俗文化、农耕文化资源保护与旅游业深度融合发展，形成一条完整的红色旅游精品线路。推进脱贫攻坚与乡村振兴有效衔接，在全力完善“三浦战役”等系列景点的同时，争取把南京长江地带、老山地区打造成为一个个集人文历史、红色文化、民族融合、旅游观光、爱国教育于一体的文旅特色小镇，推动红色旅游与生态旅游、休闲旅游、历史文化旅游、乡村旅游等多种业态融合发展。大力开展红色文化精品创作，如推进小剧场话剧《王荷波》的创作和巡演，丰富红色文化内涵，利用好红色资源、发扬好红色传统、传承好红色基因，不断推进红色旅游健康发展。

（四）多方打造红色文化产业

统筹当地优势产业与旅游产业，打造高品质、立体化的旅游产业产品链，是推进旅游高质量发展的重要路径。建议结合浦口拥有的生态资源和旅游资源，将“红色资源”和“绿色资源”融合起来，合力打造红色教育与绿色休闲并驾齐驱的发展模式。实现由观光旅游向体验旅游的转型，通过增加游客体验，扩宽旅游产业发展空间，创新旅游高质量发展模式。要从全产业链角度出发为其他产业提供新的发展方向和发展思路，通过“+旅游”的方式，也就是实施“特色文化+乡村旅游”“特色文化+节庆旅游”“特色文化+研学旅游”“特色文化+体育旅游”等多产业融合方式，培育新业态，打造新的旅游产品链，推动产业间的协调发展。同时，文化产品是提升文化资源价值最有效的载体。因此，要多方开发红色文化产品。通过加强红色文物创意产品开发，丰富文化旅游产品，促进红色资源创意产业、影视文化产业等融合发展，完善业态发展支撑体系，形成一批具有示范性、带动性和影响力的融合型红色文化产品和服务品牌。要打造红色演艺产业，依托青年创新创业大赛，举办红色文创产品设计专项比赛，引导和鼓励青年对红色题材的设计创作，打造一批有特色的红色作品。要加强部门间的合作配合，借助网络、社会和新媒体手段，加强红色文化传播机制建设，为优秀作品对接市场、政策、孵化、宣传等资源做好准备，多渠道、多方面拓宽红色文化传播路径。

五、加强宣传，加快促进红色资源价值转化

（一）以拓宽投融资渠道为保障夯实开发利用红色资源的物质基础

加强对革命纪念设施、遗址保护利用和爱国主义教育基地的投入，将其纳入财政全额拨款管理，制定具体的扶持办法。建立浦口区红色文化资源开发利用和保护的专项基金，以财政补助方式择优支持示范项目，发挥品牌带动效应。加大对红色文化基础设施和环境特别是技术支撑平台、公共信息平台、公共交通平台等财政投入的力度，完善红色文化资源所在地的交通体系和交通网络。通过红色文化发展招商引资项目和出台一系列优惠激励政策，广泛吸纳和吸引多样化的资本，充分调动社会力量共同参与浦口红色文化产业建设。鼓励社会各界向基地进行募捐尝试和探索，实行经营权与管理权分离，采取市场化方式多渠道筹措资金。整合社会资源，培育一批重点红色文化企业，推动全区红色资源的开发、保护和利用。

（二）以网络媒体为平台传播红色文化

随着互联网技术的普及，语音、视频、大数据、云计算、人工智能等数字化技术的应用，使得红色文化变得可听、可视、可感，生动而且立体。在保证信息真实性、历史完整性的条件下，人们可利用抖音、快手、知乎等社交网络平台进行内容创作，将红色文化与新媒体相结合，依靠微博、微信等传播平台进行传播，可起到事半功倍的效果。这种模式短小精干，又适合在移动状态和短时休闲状态下观看。相较于传统媒介，它拓宽了受众群体覆盖面，宣传效果更加直观、立

体，受到了越来越多的人尤其是青年人的欢迎，因而对于新时代红色文化的价值实现具有促进作用。比如，红色微型电影将红色文化中的革命人物形象和历史事件以视频短片的形式呈现出来，系列微电影、系列微纪录片《博物馆里的党史》《国家相册》《红色足迹》，以及为建党100周年献礼的百集纪录微电影《初心》等，它们采用全新的拍摄手法，更加适合信息时代的高效快速传播方式。又如，中共中央党史和文献研究院还推出了百集微纪录片《百炼成钢：中国共产党的100年》，是新时代用微纪录形式生动讲好中国共产党故事的有益探索和尝试。总之，以红色文化为主要内容的红色微电影、微视频、网络直播等，使受众随时随地都可以接触红色文化，进行学习探讨，传播红色文化，从而增强了新媒体快速传播红色文化的良好效果。

（三）以主流媒体为依托发扬红色精神

充分整合利用本地区具有重要历史意义、相对比较集中的红色革命遗址史迹，从提升文化知名度的角度开发红色文化资源，需要打造建设一批红色主题公园、红色村庄、红色小镇。培植红色文化教育基地产业，创新研发艺术精湛、思想精深、制作精良的文艺作品，如红色题材的电影、电视剧、主题话剧、歌舞剧、访谈作品等，旨在着力打造具有本地特色的知名红色教育品牌。在当今新媒体条件下，要积极依托数字技术，创新红色资源活化路径。重视和加强与主流数字平台交流合作，开发形式多样、生动活泼的数字化红色产品，加快红色资源数字化转化，使大多数红色资源实现从“躲在深山人不知”转向“天下谁人不识君”。例如，借助“学习强国”平台，各地方可以推送与本地红色文化相关的文章、音频、视频等资料，还可以选择一些红色文化资源丰富的当地媒体，借以定期不定期推广相关红色文化信息，传播或宣介本地的红色故事、英雄事迹、伟人故居等红色资源，使地方红色文化借助中央主流媒体平台获得更广泛的宣传和推广。

（四）以红色展馆为载体讲好红色故事

革命博物馆、纪念馆、烈士陵园等纪念性展馆，集红色文化物质遗产和非物质遗产于一体，是中国革命历史的缩影和实物见证，是党和国家的红色基因库。因此，我们要充分发挥好博物馆、展览馆等红色展馆的作用，借助这些重要载体讲好中国共产党的奋斗故事、讲好一代代中国共产党人的先锋模范故事，讲好人民英雄为国捐躯、血洒战场、英勇不屈的故事。当然，良好的故事素材还需要通过适当的载体形式呈现出来。为了增强红色历史文化资源的吸引力、感染力，要创新“红色经典、现代表达”的理念，通过高端科学技术的应用，使红色历史遗存“动起来”，使参观者穿越到这一历史场域，体验革命者身处的历史环境。这就需要我们的展馆通过设计一些互动性项目，如走长征路、挑扁担、开荒种地、学纺纱、尝野菜等活动，让广大青少年体验当年革命军队的日常生活，感受党领导人民培育的艰苦朴素、自己动手、丰衣足食的自力更生精神。不仅如此，现在全国很多地方的文化纪念馆、旅游景区研发了相关 App 类服务项目，便是运用数字化技术和多媒体结合的方式，对不方便到现场参观的群体进行“云端”参观、游历和体验，这是数字化时代对广大党员干部和人民群众进行党史教育和精神洗礼的生动课堂。

借助互联网和手机信息等现代技术手段，可以进一步丰富红色文化资源的传播形式和培训模式，通过现场教学、研学实践等活动，充分利用红色资源开展爱国主义和革命传统教育，将红色资源纳入青少年思想道德教育的重要内容，有助于加强对大中小学生的思想品德教育。此外，发挥新媒体优势，建立革命文物资源信息共享平台和数字化展示系统，有助于打造主题鲜明的革命文物陈列展览精品。

回顾过往历程，浦口红色文化资源历史厚重、丰富多彩。眺望前方征途，浦口红色文化资源活化利用刻不容缓、使命在肩。党的二十大擘画了以中国式现代化推进中华民族伟大复兴的宏伟蓝图。将红色火种永久播进人民群众的心中，永久植入当今中国和未来社会是一项长期复杂的伟大工程，需要一代代人付出艰辛努力。我们必须从浦口红色资源中赓续红色血脉，不断汲取信仰信念力量，从而为全面推进中国式现代化浦口新实践提供精神动力。

第二章

“产业金色”淬炼浦口高质量发展成色

党的十九大对我国经济发展阶段作出“我国经济已由高速增长阶段转向高质量发展阶段”的重大判断，创造性地提出“高质量发展”的概念。党的二十大再次强调，“高质量发展是全面建设社会主义现代化国家的首要任务”，将“高质量发展”提升至前所未有的高度，并将经济发展的主题确定为“推进高质量发展”，不断促进“经济实现质的有效提升和量的合理增长”“推进中国式现代化，必须把着力点放在实体经济高质量发展上”。习近平总书记近日在江苏考察并发表重要讲话、作出重要指示，他希望江苏在科技创新上取得新突破，在强链补链延链上展现新作为。以中国式现代化全面推进中华民族伟大复兴，高质量发展是其本质要求和首要任务，高质量发展也是引领经济发展的方向、目标和要求。

第一节

中国式现代化背景下浦口“产业金色”实践

一、现代化产业体系是中国式现代化的物质基础

产业是经济之本、发展之基。推进中国式现代化，首先是实现经济基础的现代化，在生产力意义上表现为产业体系的现代化。习近平总书记指出，现代化经济体系，是由社会经济活动各个环节、各个层面、各个领域的相互关系和内在联系构成的一个有机整体。其中，建设创新引领、协同发展的现代化产业体系处于首要位置。没有现代化产业体系，无法实现物质富足、精神富有这一社会主义现代化的根本要求。加快构建现代化产业体系，实现各产业的有序连接、高效畅通，才能不断促进经济循环畅通，提升实体经济发展效率。只有构建现代化产业体系，才能夯实全体人民共同富裕的物质条件，促进物的全面丰富和人的全面发展。没有坚实的物质技术基础，就不可能全面建成社会主义现代化强国。加快建设现代化产业体系能够为中国式现代化奠定坚实物质基础。

二、高质量发展是中国式现代化的本质要求

我国经济发展始终坚持马克思主义政治经济学原理指导与中国实践相结合，不仅为中国经济发展提供思想指导，也对马克思主义政治

经济学进行丰富。党的十八大以来，我国经济社会进一步发展，政治、经济、文化、生态和社会等方面取得长足进步。尤其是社会主要矛盾转化为人民日益增长的美好生活需要和不平衡不充分的发展之间的矛盾。目前，我国经济发展中矛盾和问题集中体现在发展质量上，高质量发展是应对新时代社会主要矛盾的转化，适应经济发展时代趋势必须要做的战略选择。习近平总书记在党的二十大报告中明确提出，实现高质量发展是中国式现代化的本质要求之一，“高质量发展是全面建设社会主义现代化国家的首要任务”。2022年12月15日，习近平总书记在中央经济工作会议中再次强调，坚持发展是党执政兴国的第一要务，发展必须是高质量发展。以高质量发展全面推进中国式现代化，是新时代建设社会主义现代化强国的重大理论和实践命题。

以高质量发展解决新时代社会主要矛盾。必须把发展质量问题摆在更为突出的位置，着力提升发展质量和效益。推动高质量发展，要更加注重质的有益提升。只有推动高质量发展，才能提供更多优质产品和服务，适应科技新变化、人民新需要；只有推动高质量发展，才能从根本上解决不平衡不充分的发展问题，推动经济发展质量变革、效率变革、动力变革，推动经济实现质的有效提升和量的合理增长，增强经济竞争力、创新力、抗风险能力，使我国经济迈上更高质量、更有效率、更加公平、更可持续、更为安全的发展之路。

高质量发展为全面建设社会主义现代化国家提供更为坚实的物质基础。现代化是各国谋求发展的目标，中国的现代化之路离不开经济高质量发展的支持。我国经济发展在经历高速增长以后，已从中低收入阶段迈向高收入阶段，取得了举世瞩目的经济成就，但我国是发展中国家，仍处于社会主义初级阶段的国情也没有变。必须正视人均国内生产总值同发达国家相比差距仍然较大这一现实，切实转变发展方式，坚持质量第一、效益优先，不断提高劳动效率、资本效率、土地效率、资源效率、环境效率，不断提升科技进步贡献率，不断提高全要素生产率。

以高质量发展助力扎实推进共同富裕。经济发展的高质量是保障全体人民福祉的重要前提。作为社会主义国家的中国，以实现人的全面发展和全体人民共同富裕为目标，要实现这一目标，首先要推动高质量的经济发展，推动物质财富不断壮大。习近平总书记指出，要“在高质量发展中促进共同富裕”[①]。共同富裕是中国特色社会主义的本质要求，是中国式现代化的重要特征，其第一要务是保障“富裕”，通过全国人民共同奋斗，持续推动高质量发展，把“蛋糕”做大做好，然后通过合理的制度安排正确处理增长和分配的关系，把“蛋糕”切好分好。

高质量发展需要贯彻新发展理念、构建新发展格局。创新、协调、绿色、开放、共享的新发展理念是经济高质量发展的重要指导方向，经济发展要从依赖于要素投入量转向依赖于要素生产率和全要素生产率的提升。此外，需要发挥我国超大规模的优势，构建以国内大循环为主体、国内国际双循环相互促进的新发展格局，实现生产、流通、分配和消费循环通畅，推动国民经济良性循环。以扩大内需为支点，改善收入分配和促进城乡平衡发展。同时还需要坚持供给侧结构性改革，提高国民经济运行效率，打通经济循环的瓶颈，实现供需平衡。

三、浦口“产业金色”的实践意义

高质量发展是中国经济发展进入新时代的科学指导思想，对经济

① 《习近平谈治国理政》第4卷，外文出版社2022年版，第144页。

发展具有极强指导意义和实践指导价值。高质量发展将发展理念从片面追求数量的经济增长思想转变为质量与数量并重且更重质量的发展思想。在实践层面，高质量发展一方面为国家制定宏观经济政策、产业政策、区域政策奠定了基调、确立了纲领，另一方面，其思想是新评价指标体系提出和建立的依据，有利于建立合理的政府绩效考核体系①，更为新时代经济发展和产业发展提供了方向指导。现代化产业体系事关经济发展全局，是实现经济高质量发展的重要内容。2023年1月，中共中央政治局就加快构建新发展格局进行的第二次集体学习明确指出，新发展格局以现代化产业体系为基础，经济循环畅通需要各产业有序链接、高效畅通。我国产业体系虽然规模庞大、门类众多，但仍然存在不少“断点”和“堵点”。必须通过科技支持和产业变革重塑全球经济结构机遇，加快建设现代化产业体系，提高自主创新能力，推动经济高质量发展。浦口牢固树立高质量发展理念，以科技进步和产业升级优化产业布局，延伸产业链条，以“产业金色”淬炼浦口高质量发展的优质成色。

“产业金色”是浦口产业发展的成色体现，也是推动产业提质增效的重要方式。近年来，浦口坚持以高质量发展引领产业方向，不断优化产业结构、持续推进技术创新，着力打造产业发展的“金色”品质。浦口以发展质量为追求，将“产业金色”理念注入集成电路、高端装备制造、文旅健康、人工智能和数字经济等产业发展中。一是符合国家战略和区域协调发展的要求。浦口作为江北新区的核心区域，是南京都市圈发展规划的重要组成部分，也是长三角一体化发展示范区的重要节点。浦口发展现代产业，既要顺应国家战略方向，也要服务区

① 参见孙智君、陈敏：《习近平新时代经济高质量发展思想及其价值》，《上海经济研究》2019年第10期。

域协调发展目标，实现与国家和地区同频共振、同步共进。二是体现自主创新和高质量发展的内在逻辑。浦口发展现代产业，不是简单地追求规模扩张和速度增长，而是坚持以创新为引领，以质量为核心，以效益为目标，以转型为动力，推动产业结构优化升级，提升产业竞争力和可持续性。三是彰显绿色生态和人文关怀的价值取向。浦口发展现代产业，不是以牺牲环境和民生为代价，而是坚持绿色发展理念，坚持生产生活生态相统一，坚持节约集约用地原则，坚持循环利用资源原则，坚持保护生态环境原则，实现经济社会和自然环境协调发展。四是展示开放包容和合作共赢的时代风貌。发展高端制造业、现代农业和文旅健康，是融入长三角一体化发展、服务南京都市圈建设、参与长江大保护的有效方式。这些产业不仅能够促进浦口与周边地区的互联互通、互利共赢、共同发展，也能够增强浦口与国际国内市场的对接合作，融入全球价值链、产业链、创新链。浦口发展现代化产业，不是封闭自守或者盲目跟风，而是坚持开放包容的姿态，坚持合作共赢的理念，积极参与国际国内市场竞争与合作，积极融入全球价值链、产业链、创新链，积极拓展国际交流与合作渠道，实现互利共赢、共同发展。

第二节

浦口“产业金色”的发展成效与经验

浦口坚持“产业金色”发展理念，换思路、调结构、转动能三措并举持续探寻产业现代化发展的“最优解”，保障产业发展永葆高质量发展成色。集成电路、高端交通装备两大制造业托起“芯片上的浦口”和“车轮上的浦口”，成为熠熠闪烁的区域名片；数字乡村和文旅健康两大产业转型升级，为产业布局增“新”添“绿”。

一、浦口“产业金色”的发展成效

（一）先进制造业集群效应明显

浦口深入贯彻新发展理念，认真学习贯彻习近平总书记系列重要讲话精神，全面落实中央、省、市打好产业基础高级化与产业链现代化攻坚战的各项决策部署，围绕南京市产业高质量发展要求，全力推动先进制造业现代化产业体系，持续优化产业结构，充分发挥地标产业的核心引擎力量，以集成电路产业和高端交通装备制造业引领制造业发展，形成先进制造业产业发展集群。

1. 集成电路产业筑起产业新高地

集成电路产业是浦口的主导产业之一，也是南京产业新地标主要承载地。作为南京市战略性新兴产业区，浦口集聚了台积电、华天科技、空气化工、凯鼎等产业链上下游企业300余家，形成了较为完整的产业体系，在做大产业规模、做高产业能级、做强产业竞争力等方面持续发力，逐步形成具有特色的集成电路产业发展道路，打造“设计环节有集聚、制造环节有龙头、封测环节有影响、配套环节有支撑”的全产业链发展格局，成为南京市集成电路产业“一核、两翼、三基地”产业布局的核心区域①，也是全省乃至全国集成电路产业发展的领先区域之一。浦口集成电路产业具有增长最快、工业中占比最多、份额占全市最大、新引进项目集聚度最高、创新活力最足的特点。

集成电路产业集群效应的发挥推动浦口成为芯片制造技术高地。集成电路产业聚焦关键技术攻关，工艺水平国内领先。浦口是国内工艺水平最高的集成电路产业承载区之一，其中集成电路设计能力已达到5纳米，晶圆制造能力达到16/12纳米，封装测试方面TSV、WLCSP等先进封装形式逐步实现量产，主要环节工艺水平已与浦东新区齐头并进甚至略有领先。在科技创新成果孵化方面，深化与南京大学、东南大学等七所高校及中电科第十四所、五十五所等科研院所集成电路产业战略合作，促进技术转移孵化。布局一批研发创新基地和关键技术研究方向，依托凌华集成电路技术研究院加快医疗与健康、射频等应用领域集成电路前瞻性技术研发及成果转化；支持南京诚芯集成电路技术研究院开展半导体光刻胶的研发及产业化攻关；中创为量子等前沿技术企业开展量子加密通信芯片设计与产品研发应用。在区域协同方面，加快构建区域协同创新体系，支持清华大学微电子所、中科院半导体所等在浦口建立新型研发机构。伊诺光点等两家众创空间获国家备案，实现国家级创新载体和国家创新人才零的突破。浦口先后

① 一核：江北新区。两翼：江宁开发区重点开发第三代半导体产业基地，南京开发区发展中高端芯片设计与制造产业。三基地：南京软件谷、徐庄软件园、麒麟科创园。

获评国家知识产权强县工程试点区、省产学研产业协同创新基地，创建全市唯一的省级集成电路产学研协同创新基地。2022年，浦口经济开发区入选首批国家级专利导航服务基地名单。

2. 高端交通装备制造业拉动先进制造业新引擎

高端交通装备制造业是浦口先进制造业的另一“引擎”。近年来，围绕整车制造、新能源、关键零部件等细分领域，浦口集聚90余家相关企业，初步形成了涵盖汽车整车、新能源汽车电控系统、轨道交通车辆配件及服务配套的产业体系。全区高端交通装备产业链形成新能源汽车、轨道交通和航空航天三条子链。现已集聚依维柯、锦湖轮胎、大盾构等上下游企业近100家，其中，规上企业59家（新能源汽车22家，轨道交通34家，航空航天3家）。产业链企业主要集中在开发区，高新区、永宁街道、江浦街道等也有分布，呈现出“一核多点”发展态势，形成了浦口高端装备制造业的集群效应。

（1）高端交通装备制造业产业规模不断扩大。浦口紧扣产业链高质量发展方向，抢抓两区产业一体化发展机遇，全力做好补链强链工作，同步开展企业大走访、大调研，研究制定《浦口区加快高端交通装备产业链高质量发展三年行动方案（征求意见稿）》，计划实施产业培育、创新驱动、品牌塑造、生态优化“四项工程”，助推产业链稳步健康发展。在产业发展方面，尽管受新冠疫情、高温限电、芯片短缺等多重因素叠加影响，2022年全区高端交通装备产业链规上企业仍实现产值196.06亿元，同比上升7.8%。其中，新能源汽车产业链实现产值62.11亿元，同比下降10.9%，龙头企业依维柯实现产值41.4亿元，同比下降17.8%；轨道交通产业链受地铁政策收紧、投资强度下降等因素影响，实现产值133.61亿元，同比上升19.8%，龙头企业大盾构实现产值121.24亿元，同比增长18.3%。

（2）重点项目带动产业发展能力逐步增强。充分发挥重点项目“压舱石”作用，以新能源汽车产业链发力整车制造及关键零配件。总投资15亿元的依维柯中型多功能宽体轻客技术改造项目2022年6月成功封顶，2023年2月28日举行投产仪式，预计满产后年产2.3万辆中型宽体轻客，增加产值40亿元、税收1.2亿元，2023年预计新增产值10亿元；锦湖轮胎投资4000多万元加码静音轮胎生产线，预计年产静音轮胎60万条，有望延续产销两旺态势。轨道交通产业链发力车辆配件及施工设备，开发区志卓轨道交通辅助供配电和控制系统研发、生产项目已经投产，年产供配电设备5000套；高新区埃驱奥系统总成研发总部项目加快建设，聚焦新能源盾构施工牵引动力系统及燃料电池系统解决方案，已开展轨道交通牵引设施业务。航空航天产业链发力关键零部件国产替代，开发区总投资5000万元的集萃航空发动机闭式叶盘与叶片生产线项目部分设备进入试生产阶段，并取得部分军工订单。

（3）院校机构人才聚集效应愈发明显。浦口大学城已有南京工业大学、南京信息工程大学、南京审计学院等9所高等院校入驻，在校大学生超10万人；研创园从业人员已达10万人，依托高校科教优势，同时承接研创园、国家级农创中心等高能级高新科技资源辐射，大量高精尖人群正持续聚集于此，区域能级逐步提升。区政府与南京航空航天大学主办2022中国（南京）低空智联网与无人机应用融合创新高峰论坛，江苏省无人机产业技术标准委员会、南京民用无人驾驶航空运行管理中心正式揭牌，高新区与南京信息工程大学气象科学研究院等6家无人机企业签订低空智联应用场景合作协议，与江苏泰赋星信息技术有限公司等6家企业签订产业项目协议。

（4）创新培育产业生态服务水平不断提升。浦口通过加强载体建设，推动科技成果转化。园区管委会加强企业服务，聚焦龙头企业和影响产业发展的关键问题，重点帮助依维柯、大盾构、轨道交通产业发展有限公司等企业解决销量拓展、资质升级、成长体系构建等问题。区内大盾构获批南京市水下隧道工程研究中心，金正奇省级高铁装备智能工程技术研究中心通过评审；志卓电子获评智能制造示范车间和市级知识产权示范单位；南车电气、肯菲特新能源、宁亚特新能源3家企业入选市级瞪羚企业。清研华科南京新能源汽车产业创新中心平台作用凸显，累计孵化引进企业37家，其中科技型中小企业8家，规上企业5家，省民营科技企业1家。加强企业培育，建立规上企业培育库，年度净增规上企业12家。加快构建龙头企业、骨干企业、配套企业三位一体的企业梯队，2022年底大盾构年产值首次突破120亿元，依维柯年产值40亿~50亿元，锦湖轮胎年产值首次突破10亿元，年产值1亿~5亿元的骨干企业达到6家。

浦口集成电路和高端交通装备制造业作为其产业发展的鲜明特色，依托其产业规模和产业体系形成了良好的集群效应，不仅为实现产业发展的浦口道路指明了方向，更为产业体系的创新发展提供了技术基础，为推动浦口制造业的转型发展提供了重要支撑。

（二）发展数字农业赋能乡村振兴

浦口是南京市“含农量”最高的地区，农村区域占77%，全区农村人口超50%，涉农社区占90%。2022年，全区实现农林牧渔业总产值81.26亿元，同比增长4.5%。全区粮食种植面积7.33万亩，2022年总产量3.24万吨，蔬菜总产量21.5万吨，水产品总产量达2万吨。形成了以粮油、蔬菜、水产为主导，以畜禽、苗木、茶叶为特色的现代都市型农业产业体系。农业机械化水平达90%、农业信息化覆盖率达70%，农业设施化、科技化、绿色化、品牌化水平不断提高，现代农业发展水平位列全省第一方阵。新型农业经营主体培育速度加快，现代农业和农村电商加速升级。截至2022年9月，区级以上示范家庭农场241家、区级以上农民合作社示范社78家、各级农业龙头企业63家、产业化联合体11家。

数字乡村建设为浦口农业高质量发展带来新的机遇。近年来，浦口坚持把农业产业化发展作为乡村产业振兴的重中之重，依托乡村特色优势资源，以农村一二三产业融合发展为路径，确定主导产业，实行区域布局，依靠龙头带动，发展规模经营，纵向拓展农业增值增效空间，横向拓展农业功能价值，全力打造农业全产业链，乡村产业保持良好发展势头。抓住建设省级农业现代化先行区的契机，围绕都市现代农业体系建设，借助自身发展优势，高标准打造农业示范样板，创造农业现代化的“浦口模式”。2018年，南京国家现代农业产业科技创新中心正式投入运行，是全国首家、华东地区唯一的国家级农业产业科技创新中心（以下简称“农创中心”）。农创中心按照“农业产业科创中心”的功能和定位，依靠科技和改革双轮驱动，围绕“实施国家战略、承接区域需求、打造农业硅谷”的目标，以产业需求引领科技方向，推动科技成果转化，探索农业现代化道路。2020年9月，中央网信办公布国家数字乡村试点地区名单，浦口作为全市唯一试点区成功入选。2021年，浦口区将浦口国家数字乡村试点区建设项目列入区政府1号文重点实施项目和区重大改革试点项目，强化推进。招标产生农芯（南京）智慧农业研究院有限公司作为项目建设单位，项目投资1953.42万元。运用大数据、云计算、物联网等先进技术，搭建包含大数据可视化决策指挥中心、数字产业、数字治理与数字服务四个模块的浦口数字乡村大数据中心。推进大数据在农业生产、经营、管理、服务等各环节、各领域的应用，提高农业农村经济运行监测的能力和水平，为浦口区乡村发展提供在线化、数据化、精准化管理辅助决策支持。依托农创中心国家级农业科技平台资源，根据“1（一批数字基建）+2（制度保障体系 + 技术保障体系）+3（数字产业 + 数字治理 + 数字服务）+N（多个信息化应用系统）”搭建数字乡村建设的顶层框架，为农村现代化和产业化注入强大动力，数字大田、青虾产业园等项目取得重要成就。农创中心、大数据中心还作为浦口区委党校（浦口区行政学校）的现场教学基地，进一步展现和推广农业高标准示范样板、农业高科技应用场景建设内容，把“试验田”精耕成“示范田”。

1. 技术赋能种植业创新发展

汤泉农场数字大田试点基地东、南与汤泉街道毗邻，西与星甸街道隔万寿河相邻，北依滁河，与安徽省滁州市南谯区隔河相望，水稻、小麦种植面积约4000亩，苗木种植面积约2700亩，淡水养殖水面面积1690亩，温室大棚面积63亩。汤泉农场以种养殖业为主要产业，2021年实现地区生产总值0.3311亿元。实现农林牧渔总产值5178万元，增长7.8%。汤泉农场数字大田试点基地是在汤泉农场选取基础条件较好的田块建立面积1200亩的示范区，对大田示范区水稻、小麦种植环境、作物生长的要素投入及生长过程进行全维度实时监控。示范区水稻、小麦田间作业的主要环节（耕整地、种植、植保、收获等）实现“无人化”，形成在全省乃至全国具有引领作用的水稻—小麦轮作区田间作业“无人化”机械装备与技术解决方案。实现灌区泵站远程控制、闸门远程启闭、田间灌溉远程启闭、渠道水情实时测报、用水量自动采集和图像实时监控，为灌区工程安全运行、提高水资源优化配置及用水效率、降低田间灌排水劳动强度提供技术支撑。

汤泉数字大田试点基地由天空地一体化精准农情监测系统、农机作业精准控制系统及装备智能化升级、水稻精准生产管理系统、智慧灌溉系统四部分组成。天空地一体化精准农情监测系统通过布设气象墒情监测站，共享应用卫星遥感数据，形成农田墒情及气象灾害监测系统。其中，气象墒情监测站实现分区域内空气温湿度、风速、风向、降雨量、太阳辐射强度、土壤温湿度等信息的实时采集及发送。系统通过分析、处理实时墒情信息，结合获取的权威气象预测数据与遥感监测数据，开展农田墒情及气象灾害监测，为农业节水、灾害评估、减灾减损提供科学指导与服务。农机作业精准控制系统及装备智能化升级则是在充分利用现有农机装备基础上，根据农机无人化改造要求，购置一批电控程度较高的新型农机装备，对已有的和新购置的拖拉机、插秧机、自走式喷药机、谷物联合收割机等装备进行智能化改造，集成无人驾驶作业系统，使其具备"无人化"作业功能。水稻精准生产管理系统以汤泉农场电子遥感影像为基础，对水稻田、合作社、种植户、大田物联网基础设施等生产要素进行在线编辑，对各类要素的轮廓、面积、位置、归属单位、归属人等基础信息进行关联，形成可视化的水稻生产电子地图，管理人员能够快速掌握基地生产要素总体分布及生产概况，实现水稻精准生产过程的统一展示出口。智慧灌溉系统以智能化改造基地灌溉系统，使汤泉农场工作人员及种植户能够完成灌区有关数据、图像、水利活动等信息的采集、传输、处理、存储和应用，直接服务于灌区防汛、工程管理和灌溉管理，实现泵站、渠道、田间灌溉的远程闸门自动控制和水情实时监测，提高水资源利用效率。

汤泉数字大田试点基地为数字农业发展取得良好效益。基地围绕稻米生产加工基地，通过智能信息化系统实现基地定位、定时、定量的农事信息记录和管理及农情、农机、农水整体情况的全面掌控，提高农机作业效率50%以上，节约水、肥、药10%～20%，每亩增收约80元，实现示范田生产过程的可视化、数据化、标准化管理，为农业节水、灾害评估、减灾减损提供了有效范本，推动物联网、智能农机装备等无人作业技术的规模化应用，在江苏省乃至全国起到引领带动作用。

2.“互联网+”青虾园助力智慧养殖

青虾养殖是浦口的特色产业之一，近年来，以浦口国家数字乡村试点区建设项目为契机，永宁街道积极联合市级龙头企业、合作社、种养大户全面探索青虾产业发展，积极探索建立市场化的运营机制。结合“互联网+产业”工程，探索“互联网+农产品”出村进城机制，建立适应农产品网络销售的数字化供应链体系、运营服务体系和支撑保障体系，实现农产品产销顺畅衔接、优质优价。永宁青虾特色产业园对2000亩数字渔场进行了智能装备升级改造，通过物联网、大数据、云计算、区块链等新一代信息化技术，永宁街道的青虾养殖实现了产业革新。青虾产业园与南农大青虾团队合作，积极推进青虾养殖技术攻关。一是开展智能化饲养攻关。虾塘装上了氧监测传感器和微孔增氧设施，养殖户可以通过手机查看氧浓度并进行控制。购置特种无人机设备实现饵料自动投喂，将智能无人投饵机和无人投饵船相结合，通过大数据收集，科学设计定时、定量、定点投喂，不仅效率相当于传统人工投喂的8~10倍，极大降低人工成本，也让养殖的水产品吃得好、长得快，个头更大更均匀。二是开展包装运输瓶颈攻关。围绕活体青虾物流冷链运输，研发青虾快递包装，开展出村进城3轮测试，打包10小时内青虾成活率可达90%以上，解决鲜活水产品1小时供应圈难题。三是开展产品精加工技术攻关。研发冻鲜虾、虾膏等系列产品，让口味多样、款式多元的青虾精加工产品逐步走进市民餐桌，不断拓宽市场营销路径。2020年，“永宁青虾”获得农业农村部农产品地理标志登记保护认证。2021年，入选第十一批全国“一村一品”示范村镇名单。标准化生产和品牌塑造让“永宁青虾”真正闯出了市场，有力带动当地实现乡村产业振兴。

浦口抓住青虾产业，实现“永宁青虾”产业链不断赋能增效，带动富民增收、助力乡村振兴。一是优化金融服务功能。健全完善水产金融服务体系，推进政银担企合作改革，与南京银行共同推出适合浦口地区的“青虾贷”，保障青虾养殖过程中的资金周转。同时优化“惠农贷”额度和期限，并将农业融资担保贷款纳入贴息范围。二是提升品牌知名度。深入实施“品牌强农、营销富民”工程，加大“永宁青虾”国家农产品地理标志和“浦食浦味”区域公用品牌等“金字招牌”建设，通过制定青虾分选准则、开展直播带货、建设商超供应体系、开发加工产品等措施，2022年共制定相关标准2个，开展直播带货3期，销售额106万元，与盒马等4家企业达成供货合作关系，有效提高“永宁青虾”溢价能力、确保优虾优价。三是协同科技推动创新。通过持续推进国家级数字乡村试点区、全国农业科技现代化先行县、省级“互联网+”农产品出村进城工程试点县、省级青虾产业技术体系建设等措施，实现数字化赋能青虾产业，“太湖2号”苗种扩繁、青虾专用配合饲料投喂、生态化养殖技术等多项科研成果在浦口落地生根、枝繁叶茂。四是强化重大项目引领发展。持续加大财政资金对青虾产业链稳定投资。通过开展养殖池塘生态化改造、冷链物流中心和永宁青虾交易市场等多个重大项目建设，确保有效资金用于产业链重点领域，持续为产业发展强基础、补短板、疏堵点，实现一二三产业深度融合。

（三）文旅健康产业厚积薄发

在文旅融合发展的大背景下，浦口承担了文旅产业高质量发展的全新使命。浦口依托丰厚的自然生态资源、南京都市圈1.5小时的区位交通优势，凭借优质的旅行产品、优惠的文旅政策，推动文旅消费市场持续升温，取得显著的经济效益，产业引领价值日益凸显。“微度假”品牌被写入文旅部工作要点，先后荣获全国旅游高质量发展区、全国旅游综合实力百强区、国家生态文明建设示范区、全国休闲农业与乡村旅游示范区、中国旅游高质量发展区、中国温泉之乡、中国诗歌之乡、中国天然氧吧、中国民间文化艺术之乡（书法）等。

1. 结合自身优势开发文旅健康产业特色项目

（1）打造九华茶坊乡村旅游综合区。九华茶坊位于南京市浦口区星甸街道九华村，该项目背靠赭洛山，村庄空间布局与自然山水有机融合，共同构成了“青山为脊、田间茶园、美丽苗圃、绿水绕人家”的乡村画卷。该地孕育出了“浦桥玉剑”“九华嫩剑”等知名茶业品牌，有着深厚的文化底蕴，文化遗存最早可追溯至西周时期，域内有上坝遗址、龙母庙遗址、九华寺、炮台等遗存。在非物质文化遗产的民俗方面，形成了榨油、九华门笺、竹编等特有的传说与技艺。九华以独特的茶产业为基础，形成了集观光、休闲、度假、农家乐于一体的乡村旅游度假区。2015年起，星甸街道开始以茶文化园建设为核心，借助当地的知名茶业品牌，以“悟茶养心、茗茶养生”为理念，融合九华村优美的生态环境、特色茶文化和地方历史文化底蕴，挖掘赭洛山特有的生命力，并将其融入旅游开发服务产业、农民致富增收等环节中，打造以茶文化为核心的休闲旅游度假区域。

九华茶坊以赭洛山茶文化园作为“茶山花海”的核心元素，是浦口重点打造的特色小镇之一。为规避晚霜等灾害天气对春茶产量的影响，赭洛山茶文化园从国外引进的防霜扇系统，模拟茶树原生态生长环境，在有效规避晚霜危害的同时也对夏秋茶起到了明显的增产提质作用。整个九华种植的茶叶都为无性系茶树，所谓无性繁殖是利用茶树的根、茎、叶、芽等营养器官进行的繁殖，也可称“植物克隆”。无性系良种茶树具有发芽早、发芽整齐、投产快、产量高、品质优、适制、抗性强等特点。特别适宜名优茶生产和机械化作业。合作社的主打品牌为“浦桥玉剑”，“浦桥”顾名思义“浦口石桥”，因为茶叶泡开色似玉，形如剑，因此得名。除了“浦桥玉剑”这个品牌，合作社还推出了面向商务沟通的“睿易”牌玉叶茶以及红茶等。现在茶叶已成为该村经济和农民致富的重要产业。

园区不仅将有机茶产销作为主体业务，更是将自身打造为集生态观光、茶文化品鉴交流于一体的茶文化休闲农业园区。目前，赭洛山茶文化园已经成为高标准茶文化园、江苏省首家茶文化园、江苏省有机茶标准化示范区、南京市首批现代农业示范园区、南京市二星级休闲农业景区、江苏省三星级乡村旅游景点、农大和农业部南京农机化所研发基地等。园中拥有集中连片有机茶园3000余亩，5000平方米旅游配套用房，可为游客提供休闲、餐饮、会务接待等综合服务。

（2）建设市内首家滑翔伞飞行基地。华飞滑翔伞飞行营地位于星甸街道九华村，是南京首家滑翔伞飞行营地，也是我国为数不多的滑翔伞飞行营地之一。华飞滑翔伞飞行营地由南京华飞户外运动有限公司投资建设，是南京目前唯一一个省级滑翔伞基地。该项目的引进落地填补了南京航空运动市场的业态空白，有力支撑了浦口文旅健康产业特色的主题塑造，激活了片区的乡村发展，提升了乡村振兴的内驱力。华飞滑翔伞飞行营地项目于2019年11月完成投资备案，备案总投资3631万元，2020年1月正式开工。目前已完成投资近2500万元，建成全风向起飞场1座、降落场2座、综合服务中心1个和三星级旅游厕所1个，并完善了水电交通等配套设施，从2021年7月试营业至今，吸引了众多游客前来体验。

华飞滑翔伞飞行营地建设有2000平方米的全风向豪华起飞场，起飞场东面是占地100亩、长宽均超过150米的主降落场，西面是紧急备用降落场，为安全着陆提供坚实保障。此外，营地还有1000平方米的活动中心，并配备两个包房和一个自助餐饮区。为保障游客安全，飞行营地特别聘请了滑翔伞国家队主教练、总裁判长元林朝作为营地滑翔伞技术顾问，同时为游客体验滑翔配备专业的教练，以进一步保证游客人身安全。飞行营地主要提供的活动包括游客双人伞体验、滑翔伞培训、沙滩车越野、婚纱摄影、亲子乐园、定制化的团建拓展等多种服务，结合九华本地产业特色，提供茶园观光、田园采摘、垂钓等服务，为南京及周边市民户外休闲运动提供优质选择。

（3）创造性开发黎家营民宿村。黎家营民宿村位于浦口区永宁街道大埝社区六组，地处老山北麓，乡村旅游精品线路“老山线”上，地理位置优越，交通便利，紧邻国家3A级旅游景区水墨大埝，10分钟步行圈内有中华虎凤蝶博物馆、自行车文化体验馆、生态农场、萌宠动物园、九曲水街等商业配套场所。2021年，在全市发展工会疗休养进民宿的契机下，黎家营作为示范点，充分征询群众意见，交由城建集团进行整体设计改造，共同打造黎家营民宿村。黎家营民宿村一期共改造6栋民宿（村野山歌、水云间、停心亭、自在阁、埝上居、水墨山居），1栋茶餐厅（墨雨楼）。共有客房29间，床位36张，房型包含标间、大床房、母子间、套间，以大床房为主。黎家营民宿村主打原生原貌、复古庭院式格调，与一户一景、移步换景之风情相互辉映，再配以现代化设施，为商务、休闲、疗养提供高品位的旅居体验。同时配备1栋茶餐厅及小茶馆，可提供简餐、咖啡、品茶、棋牌等服务，也可开展小型书法笔会、艺术鉴赏、商务座谈等活动，是民宿村内休闲娱乐的最佳场所。民宿村内还设有“浦食浦味”农产品展销区，浦口美味在此尽显风采；24小时自助超市，提升游客的购物体验和生活便利。

黎家营民宿村于2021年5月1日正式开业，截至2022年底，已接待78批次职工疗休养团队，入住客房4564间；接待散客入住1634间，全年总入住率达52%，累计接待参观游客1万余人次。尤其节假日房间供不应求，都是处于满房状态。2023年2月底，实现营业收入409.3万元，其中餐饮149.9万元，客房205.3万元，农产品45.7万元，其他（会务接待等）8.4万余元，直接带动村民创业就业11人。民宿村包括两种经营模式，一种是村民自营，另一种是成立民宿合作社，统一经营闲置的空房，房屋产权仍然归村民所有，由合作社租赁，付给村民租金，每年每户增收超10万元。

2. 明确发展定位培育文旅健康产业新业态

浦口围绕全域旅游、老山国家森林公园、永宁新型城镇化建设的总体发展要求，着重发展休闲农业、乡村旅游、生态度假，积极引进乡村新产业新业态，推动乡村振兴。探索“都市微度假”浦口文旅发展新模式，以优良的生态资源为依托打造高颜值微度假胜地，以国家级的文旅项目为核心打造高品质微度假产品，以完善的服务保障支撑高品位微度假深体验。全力打造为以生态自然为核心、以文化为内涵、以乡村为载体、以康养为特色的长三角都市微度假旅游目的地。

（1）文旅健康已成支柱产业，发展再有突破。浦口拥有2家省级旅游度假区、2家4A级景区、4家3A级景区、10个乡村旅游区，5条旅游精品线路串点连线成片等，创成省级全域旅游示范区；重点文旅项目蜂巢酒店和华昌龙之谷建成，库珀有氧运动中心落户老山并正式对外开放；累计建设471千米旅游公路、65千米乡村林荫道、120千米乡村旅游精品线路；“老山有氧运动小镇”品牌不断深化，国际女子半程马拉松、亚洲户外运动节等体育赛事热度不断，其中浦口女马2018

年、2019年连续获金牌赛事，环老山体育旅游景区获2019全国体育旅游十佳精品景区。

（2）公共服务体系扎实推进，事业再上台阶。一是公共文化服务体系持续完善。投资7亿元，新建浦口图书馆和文化馆；基层综合文化服务中心建成率在全市率先达到100%；文化浦口云以全国第三、江苏第一的成绩入选文化部（现文旅部）基层文化数字服务推广项目。二是公共体育健身设施明显改善。建成“10分钟体育健身圈”，实现全区体育设施全覆盖。三是旅游公共服务初成体系。规划建设驿站、观景台、自驾车营地等旅游配套设施48个，新改建81座旅游景区厕所。

（3）文化活动贴近群众生活，惠民再有提升。一是文化活动精彩纷呈。“十三五”期间，全区举办各类文化惠民活动5200余场，送图书进基层6万册，放映公益电影2300场；每两年举办一次文化艺术节，目前已成功举办9届；春节、端午、中秋等传统节庆推出系列活动800余场（次）。居民对公共文体服务的获得感、幸福感和满意度不断提升。二是文艺创作不断提升。“翰墨颂盛世　丹青绘新篇”书画展受中央统战部表扬；曲艺作品《激战“三浦”》获江苏第十四届“五星工程奖”和最佳人气奖；话剧《王荷波》作为“不忘初心、牢记使命”主题教育特色内容被南京市委组织部肯定。

二、浦口“产业金色”的发展经验

（一）借独特优势优化“结构体系”

1. 把握发展机遇推进产业升级

面临新的发展形势，浦口把握住了产业发展的多重机遇。一是抓住国际国内格局演变重塑发展机遇。在全面建设社会主义现代化国家新征程和经济全球化嬗变中，以国内循环与国际循环相辅相成、相互嵌套应对全球形势新变化新挑战，不断推动经济高质量发展。二是切实把握智能化、绿色化、跨界、融合发展的未来产业发展新形势。依托新一轮科技和产业革命推动新技术的发展，人工智能、5G、物联网等高新科技的发展应用，生产方式和商业模式将面临巨大的变革。三是利用省市多重战略叠加夯实发展基础。紧抓我国经济发展的重要战略机遇，把握“一带一路”、长江经济带建设、长三角一体化发展等国家战略在江苏交汇叠加为全省产业发展提供的重大机遇，以南京由高速增长迈向高质量发展的转型为着力点，聚力推进“创新名城、美丽古都”建设，浦口结合新产业抢抓发展新机遇新窗口，激发经济发展新动能，积极培育新的经济增长点；贯彻“新都市”要求，以现代农业与旅游业相结合推动发展旅游新模式、创造消费新热点，在优化消费服务、完善消费链条、提供消费场景等方面做出成绩。

2. 利用特定区位优势擘画发展蓝图

浦口利用全市最大的生态空间占比、最优的气、水、土品质以及最高的林木覆盖率等最具特色的生态优势，作为南京北大门，在南京城北扩、南京都市圈内城市辐射中的关键性优势，为打造全域美丽大花园提供了得天独厚的条件。作为江苏面向安徽的重要窗口，在建设沿沪宁产业创新带的过程中，充分利用长三角区域资源，提高集成电路产业能级，带动人工智能与生物医药产业快速成长；作为江北新区成果转化的首要承载地，充分联动多方资源，加速产业成果转化，紧抓“中国（江苏）自由贸易试验区”发展机遇，强化产业培育、扩大产业规模、加快产业集聚。

（二）用产业变轨破解“发展方程”

浦口在产业发展中牢牢把握高质量发展的首要任务。充分发挥了集聚资源优势，在产业项目实施中，坚定不移推动制造业高端化、智能化、绿色化发展，转变发展方式、调整产业结构、转换增长动力，建设战略性新兴产业集群发展高地。发挥国家级新区和自贸试验区叠加优势，用好服务业扩大开放试点，大力提升制度型开放水平，在推进中国式现代化南京新实践中奋力走在前，为支撑全市经济大盘、提升城市能级作出重要贡献。

1. 着力推动重点产业转换动能

作为浦口重点发展的主导产业，近年来集成电路产业集聚度和产业链水平不断提升。浦口以芯爱科技集成电路封装用高端基板一期等省重大项目，研发生产高宽频率大尺寸基板，进一步提高供应链安全性、稳定性。浦口以强化服务保障企业稳定生产，协调推进发展规划、协同创新、团队建设、人才培养、运行机制以及需要支持的事项，将科技创新作为“关键变量”和“最大增量”，紧扣国家战略需求，坚持教育、科技、人才一体谋划，推动产学研深度融合，加强 EDA 领域关键核心技术攻关，不断提高科技成果转化和产业自主可控水平。区内的中铁十四局集团大盾构公司是国内唯一一家大盾构专业施工企业，目前国内大盾构市场占有率、综合施工能力等多项指标均居首位。重大交通基础设施项目是扩内需、增后劲的重要支撑，公司传承红色基因，弘扬铁道兵精神，立足南京、面向世界、深耕主业，打造一流的行业尖兵、领军企业，为高质量发展作出更大贡献。南京依维柯汽车有限公司近年来不断细分市场、丰富品类，发展态势良好，近期新研发投产的中型多功能宽体轻客项目正在加快生产上市。浦口以重点产业变革引领发展动能转换，大力增强质量意识，优化存量、做大增量，努力抢占细分赛道，持续打造新的竞争优势。

2.“三措”并举推进产业提质升级

浦口采取多项措施推动产业转型升级。一是加快载体建设。围绕集成电路产业先后建设科学城、智慧谷、紫峰研创中心等高标准载体，专业化园区载体超过220万平方米，2022年，中科设备产业园投入使用，新增6万平方米。加强公共服务配套，依托南京（浦口）集成电路产业促进中心、台积电服务晶圆制造服务联盟等平台，为企业提供流片、EDA租赁、仿真加速、失效分析及可靠性测试等全方位服务。二是明确发展路径。立足集成电路主导产业，从零基础起步，加大产业链招商力度，通过发挥华天科技、长晶科技等龙头企业的规模和技术优势，集聚一批优质项目，持续壮大产业链条，现已集聚上下游企业超260家，产值从2017年的4.69亿元提升至2022年的161亿元，产业规模全市第一。有制造业单项冠军产品企业1家、国家级专精特新“小巨人”企业3家、省级专精特新企业16家。三是抓实内培外引。坚持企业培育和项目招引两手抓，加大项目招引力度，抓好企业培育。建立小升规、小升高、瞪羚、独角兽、上市企业培育库，先后培育出以“哪吒企业”百识电子、专精特新企业宏泰半导体等为代表的一批优质企业。以2022年为例，全区获得市级认定培育独角兽、瞪羚企业15家，高新技术企业中集成电路相关企业占比超过50%。密切追踪集成电路发展方向，实施产业链精准招商，2022年新签约产业链亿元以上项目25个。

（三）以创新为核赋能“精明增长”

“智改数转”是深入贯彻落实中央和省市大力发展数字经济产业

战略、加速数字经济产业化的重要举措，也是浦口抢抓数字经济发展机遇、大力推进数字经济融合发展的生动体现。2022浦口区数字经济重大项目签约暨“智改数转”场景发布仪式在南京浦口举行，12个数字经济重大项目现场签约，68个年度“智改数转”项目集中发布，总投资达123.7亿元。浦口坚持走“创新驱动、内生增长、绿色发展”之路，把科技成果转化为发展动能，持续提升产业的“含新量”和“含金量”。

1. 发挥数字经济产业新优势

浦口大力推进以数字经济产业为重点的新兴产业和未来产业发展，发挥数字经济产业优势，加快数字经济布局，与世界500强企业惠普（DXC）、慧与（HPE）深度合作，建设一批引领性项目，加速构建具有国际竞争力的现代产业体系。瞄准数字经济发展趋势，高度重视“智改数转”工作，实施“紫金山英才·浦口计划”，面向全球引进数字经济领军人才和团队，高质量建设颐高人工智能港、苏高投智慧云谷等空间载体，全覆盖推进规上工业企业“智改数转”，扩大中小企业数字化普及面，推动企业智能化改造、数字化转型，提升产业能级，全力构建“智改数转”发展高地，推动主导产业转型升级。发力“智改数转”，培育数字经济应用新动能。浦口以“智改数转”项目推进为抓手，前瞻布局人工智能、大数据、元宇宙、区块链、云计算、5G通信等领域，培育壮大市场主体，目前正在建设“智改数转”项目85个，培育智能制造示范工厂和车间3个，完成两化融合贯标企业6家，培育新增星级上云企业14家。1—5月份全区完成电子信息产值82.91亿元，同比增幅近80%，“智改数转”成效不断凸显。浦口制造业、数字大田等数字化应用场景发布，涵盖人工智能、智慧农业、大数据、区块链等多个产业细分领域，加速发挥数字经济场景资源优势，促进新技术、新产品、新模式落地应用，推进南京数字产业创新发展。大数据、物联网集成运营、慧与（中国）南京创新中心、区块链分布式智慧电箱等代表数字经济行业领先水平的一批优质项目集中签约，集中展示了2022年来浦口数字经济产业发展成果。

2. 以机制创新整合各类资源要素

创新资源分散是制约创新价值释放的重要因素。浦口着力打破企业、高校、机构、政府等主体间的“藩篱”，铺就机制畅通、信息互通、资源联通的创新发展“高速路”。聚焦集成电路和高端交通装备两大主导产业，在省内率先发布一批应用场景，加快推动数字经济与实体经济“双向奔赴”，促进新技术、新产品、新模式落地应用。抓牢产业变革新机遇，拼抢数字经济新赛道，以创新突破引领转型发展，以有力行动打造更强引擎。发展专精特新企业需要从底盘根基着手，园区对创新型中小企业、专精特新企业、“小巨人”企业、单项冠军企业采取梯度培育方式。选择一批成长性好、创新性强、拥有自主知识产权的科技型中小企业纳入优质企业梯度培育库进行重点培育，为其构建良好的产业生态，促进产业良性循环互动。稳住工业“基本盘”，打开增长“新空间”，产业数字化、数字产业化是必经之路。浦口将统筹运用省市奖补资金和税收优惠政策，用好用足金融工具，重点支持“智改数转”和技术改造重大项目，引导企业加大投入。推进规上工业企业“智改数转”全覆盖，扩大中小企业数字化普及面，在智慧城市、工业互联网、人工智能等方面强化合作，打造更加丰富的应用场景。

（四）建创新园区助力科教服务

浦口高新区是浦口乃至于江北先导区推进一流园区建设的重点。

园区总面积41.29平方千米，按照“一区七园”的发展思路，整合浦口国际企业研发园、江北新区服务外包产业园、浦口经济开发区研创园、求雨山文化创意产业园、浦口科学城以及南京现代农业产业科创园等多个园区，形成集成电路、人工智能、文化创意的多领域产业定位。高新区围绕“1+2+X”产业定位，将新一代信息技术作为主导产业不断培育壮大，以软件和信息服务、人工智能两条核心产业链作为主攻方向，延伸上下游企业，重点发展软件测试、信息安全、集成电路设计、无人机等四大领域。历经5年发展，高新区获批全国首批、全省唯一国家民用无人驾驶航空试验区、全市唯一“省创业投资综合服务基地”、首批省级现代服务业高质量发展集聚示范区，同时入选中国人工智能示范园区、南京市首批数字经济产业园区等。

1. 聚焦重点领域，发挥引领作用

高新区以多领域技术园区带动信息技术产业发展。高新区软件和信息服务业坚持龙头带动、协同联动，重点聚焦软件开发、软件运维服务、软件测试等细分领域，提升软件和信息服务产业发展能级，发挥龙头企业带动效应。目前已集聚以DXC、HPE、Micro Focus、英诺森为代表的一批软件企业，以中孚、鲸安为代表的信息安全企业，以凯鼎电子、华瑞微为代表的集成电路企业。人工智能产业依托人工智能产业园，坚持应用驱动、跨界赋能，持续拓展应用场景，推动人工智能产业链发展，重点布局AI芯片、AI软件、AI应用终端、AI应用行业解决方案，着力打造人工智能产业集聚区。目前园区已集聚紫光云（南京）、小米智能、鼎华智能、考拉悠然等人工智能产业链相关企业150余家，产业链年营收规模达30亿元。2022年规上软件和信息服务业全年营收完成25亿元，同比增长37.2%，占全区总量的96.2%；2022年软件信息服务业实现行业增加值13.22亿元，同比增长36.6%。无人机产业已集聚以长空科技、国飞研究院、智慧航空为代表的无人机企业30余家，并借助南京航天航空大学在全国领先的无人机技术和研发资源，持续推动“校、地、企”三方合作。同时，积极对接北方工业、中国商飞、中航工业等航空产业头部企业，以应用场景建设为抓手，建成全国知名的无人机技术研发中心、军民融合创新中心、无人机行业应用中心，不断提升园区科技研发与产业带动能力。

2. 搭建展示场馆，助力科普教育

高新区不仅是高新技术产业发展聚集地，还积极承担科教服务工作。园区内产业创新展区聚焦区内人工智能、数字经济及集成电路等创新产业发展成果。高新区人工智能产业园建筑面积9.7万平方米，将打造集技术研发、教育培训、中试平台、行业服务、配套服务于一体的科技公共服务平台，主要服务于以人工智能为主导产业的新型研发机构及高新技术企业。场馆由两栋高层研发办公楼（研发办公 A 楼和研发办公 B 楼）、一栋智慧云中心、一栋其他辅助用房及裙房和一个地下室组成，以智慧云中心为核心，形成以人工智能为特点的建筑景观核心，着力打造具备产业功能的企业总部、办公及商务配套为一体的现代、绿色、低碳、生态产业园的载体。智慧云中心以动感流线为要素进行打造，主要为园区的会议、交流和展示中心。此外，智慧云中心底层架空和屋顶景观平台，将为员工们提供休憩交流的空间。配套辅助用房及裙房，承担生活和服务配套功能；地下室共两层，主要功能为园区的机动车库和非机动车库，以及设备辅助用房。南京集成电路创新馆展厅总建筑面积约3200平方米，自2020年开馆以来已成为集成电路产业科普展示的新窗口。展厅通过投影墙、触控屏、机械臂演示、AR 等多种方式形象、直观地展示 IC 发展历程、IC 技术打造出的电子产品，以及 IC 技术的创新发展让人们的生活方式变得更加智能、高效；台积电晶圆制造服务联盟展示区从IC产业的宏观带入，按照产业流程顺序介绍芯片设计、晶圆制造、芯片制造、测试封装、制造装备等五个产业环节。展厅通过传统手段与科技手段相结合，用多媒体、互动体验等多种形式展示，使参观者在趣味性、动手参与中学习集成电路产业科学知识，是企业共建、党员活动的热门“打卡点”，也为两岸青年与中小学生学习交流、课外实践提供了新平台。

（五）以环境优化释放“黄金价值”

浦口聚焦先进制造业和数字经济产业链，全力优化营商环境。浦口致力于打造最优的营商环境，推动政策、产业、人才、安居等方面加速招商项目转化落地，“不见面”审批、“金牌超市”等一系列特色优质服务提振了企业的投资信心，增强了投资的动力。浦口坚持以全员招商为抓手，认真推动中央和省市关于数字经济决策部署全面落实到位，制定出台《浦口区制造业智能化改造和数字化转型实施方案》《浦口区数字经济高质量发展实施方案》等文件，大力发展数字经济，精准推进“智改数转”，利用科技创新赋能，不断提升数字经济水平。

1. 提供精准服务，为企业提供直通车

落实《南京市2022年优化营商环境实施方案》《浦口区优化营商环境20条（2022年版）》《浦口区应对疫情助企纾困八条措施》等惠企政策，强化各类纾困政策落地直达。优化产业生态实施“企业服务年”八项行动，持续推进“放管服”改革，进一步深化“金牌服务超市”、“拿地即开工”、竣工即验收（交付）等特色做法，并集中发布三批次优化营商环境创新场景，不断提升服务水平。创新开展“云培训”、打造“云课堂”，讲解国家和省市产业政策。区主要领导牵头召开集成电路产业链重点企业座谈会，带头开展“服务企业面对面”大

走访，并常态化举行企业家座谈会、早餐会，及时了解企业诉求，现场听取意见建议，推动解决重点问题46个。同时，浦口积极构建区级部门和园区平台协作联动的全员招商新格局，全力开辟招商新渠道，紧盯深圳等地开展精准招商活动，运用“大走访”、领导挂钩重点项目等机制跟进招商项目洽谈、签约落地、开工运营全过程，加强招商项目全生命周期管理。依托浦口经济开发区、浦口高新区、南京国家农创中心等园区平台，狠抓数字经济产业项目招引，加快项目建设，打造数字经济和转型升级的硬核支撑，为经济社会高质量发展注入创新活力。

2. 发挥人才效应，汇聚产业创新源泉

浦口通过搭建校地产才融合平台，组织人才招引、注重人才储备，构建产业人才培育新模式。一是与南京邮电大学联合开展“浦芯精英”人才计划，共建研究生工作站、人才定制实验室等联合培养基地；支持成立“芯德先进封装技术研究院”，探索以企业为核心的产学研新模式，聚焦企业需求和目标，引入科研院所智力支持，解决企业在人才培养、重大技术领域突破、科技成果转化等方面的难题。积极把握沿沪宁产业创新带建设契机，助力G42沪宁沿线人才创新走廊打造，坚持多层次人才引育结合，充分挖掘人才资源价值。二是加快引进高层次人才。一方面完善清华大学微电子所、东南大学电子和微电子学院实践基地等校地合作平台建设，在与名校对接中增加高层次人才供给；另一方面探索突出型人才激励机制，对于解决核心技术攻关问题、创造市场贡献或是在疫情防控中作出突出贡献的科研人才或团队，给予特殊贡献重大奖励，在市级以上人才计划与科研项目申报推荐中予以适当倾斜。同时加大培养职业型人才。打造若干具有辐射引领作用的高水平专业化产教融合实训基地，重点推进桥林职教实训基地建设，对接区主导产业发展方向，重点向数控、应用电子、特色农业、现代旅游业等专业倾斜，加大职业技术人才供给。

3. 完善基础设施，为产业筑造硬件支撑

通过基础设施一体建设，统筹城市布局和功能，构建互联互通、高效实用、安全可靠的“大江北”现代化基础设施体系。构建立体化交通格局，探索以互相委托形式优化市政建设管养合作，推动各类数字智慧场景应用。通过优化区内道路，构建内外畅达的交通体系；继续实施污水处理厂升级改造，完善管网基础设施；持续推进220千伏电网构建环网，保障各产业载体用电需求。围绕5G基建、特高压、城际高速铁路和城市轨道交通、新能源汽车充电桩、大数据中心、工业互联网等新型基础设施建设（以下简称“新基建”）领域，把新基建行动作为产业出新、城市更新、政策创新和机制建新的机遇。坚持项目带动，着力加大项目引进力度和推进水平，从紧从快推进项目实施。突出产业互联，围绕产业链推动新型基础设施与主导产业、地标产业融合，促进产业新技术、新业态、新模式加快发展。坚持面向市场，发挥市场在资源配置中的决定性作用，牢牢依靠市场主体优化选择发展方向，鼓励社会资本灵活参与新基建建设和后期运维，形成可持续发展的良性模式。

第三节

浦口“产业金色”的发展瓶颈

浦口产业结构不断调整，产业基础不断夯实，层次分明的现代化产业体系雏形初显，但是产业结构仍不尽合理，高质量的科技农业体系仍待进一步构建，高质量的制造业规模仍需扩大，高质量的服务业集聚区仍待优化提升，营商环境有待持续优化改善。

一、制造产业高端化不强，产业结构有待优化

（一）集成电路重点环节产业牵引力不足

浦口集成电路产业从无到有，从弱到强，集聚上下游企业300余家，已成为浦口产业发展的主要方向和地标。但受发展时间和发展周期的限制，目前还存在许多不足。一是在产业主体方面，企业主要以中小规模企业为主，且较多发展较早，大型行业领军型企业数量偏少，导致集成电路企业的整体规模效应发挥受到制约，也影响着高端芯片制造领域的整体产业布局。二是产业链条深度延伸困难。浦口基本形成了设计、制造、封测、配套、材料、应用等相对完整的产业链条。但在整体行业分工中以设计企业为主，导致集成电路企业的整体规模效应发挥受到制约，也影响着产业布局的完善和高端技术的研发推进。尤其是产业联动不足，晶圆制造、封装企业涉及产品工艺较为先进，

与本地大多数设计企业需求不匹配。

（二）高端交通装备产业转型升级困难

浦口高端交通装备产业龙头企业少，产业规模相对较小。轨道交通规上企业数量仅占全市的1/7，整个产业对依维柯等龙头企业依赖性较强，产业整体实力有待增强。受轨道交通行业门槛高、新能源汽车整车和关键零部件投资受限等因素制约，区内产业新旧接续动能不足。高技术产业仍有待成长，新能源汽车产业链整车产能受国家、省级政策限制，难以引进新的整车企业。龙头企业与零配件企业之间缺乏联动，轨道交通产业链1亿～5亿元骨干企业不多，中小企业大多业务传统、技术含量低，迫切需要转型升级。大盾构资质升级关键问题及中低运量轨道交通、智慧城轨等未来产业方向布局尚未打开新局面。航空航天领域发展迅猛，重点是无人机、航空零部件，但规上企业较少，尚未集群成势。

二、农业产品竞争力不足，科技助农有待提升

浦口作为农业大区，尽管在全市粮食生产和农产品供应中发挥了重要作用，但农业的科技化、产业化程度不足，产业实力相对较弱。全区2020年农林牧渔业总产值在南京市占比15%，农业总量偏小。省级以上农业龙头企业数目在南京市内占比不足10%，农业资源转化为特色品牌的不多，农产品精深加工程度不够。尤其是科技创新产业化效率不高，全区农业科技研发平台数量较少，科技创新成果应用仍需提速。

（一）数字农业应用场景有待推广

一是技术创新不足。数字农业具有显著的多学科交叉的特点，由于农业的生物特性，将工业信息技术直接拿到农业领域往往不能有效解决农业问题，必须开展基于农业生物特性和农业问题的专题研究。浦口数字农业发展处于起步上升阶段，将已有先进农业技术进行场景化应用，优先考虑的是具备广泛推广的技术成果，例如，在大田种植、水产养殖、设施种植等领域进行试点示范，但在数字化育种、农业人工智能、作物生长模型研究等前沿创新领域尚未开展相关研究。二是应用融合不畅。一方面，对数据的分析、建模水平不高，对产业本身的降本增效作用不明显。“一张图”大屏加上视频监控是标配，除了展示作用，或者减少一部分人力成本外，无法以数据实现农产品质量的优化，让水果更甜、大米产量更高。另一方面，目前数字农业市场项目型的应用居多，缺乏成熟的标准化软件，尤其是农业生产、农业管理类软件，导致农业生产效率提升不明显。

（二）农业产业化机制有待完善

一是资金来源渠道单一。浦口数字乡村建设至今持续投入4.9亿元，重点涉及智慧农文旅、森林防火、长江生态保护等领域，其中数字乡村试点区建设2021年、2022年一二期项目分别安排区级财政资金1953.42万元和2500万元。在数字乡村建设初期，主要依靠政府财政资金无可厚非，但当发展到一定阶段后，缺少直接或间接融资等外部资金渠道就会成为其扩大生产能力的主要制约因素，直接影响数字乡村建设可持续发展。二是运营模式难以持续。数字乡村的内生发展是一项跨部门、跨层级、跨区域的系统工程，其涉及面广、业务体系庞大，内生发展模式需要激活数字乡村各参与主体，通过建构政府引导、市场主导、社会参与的协同推进机制，形塑政企合作和政民互动的协同模式。浦口数字乡村单纯依靠政策帮扶、财政补贴等输血式外生资源驱动，经济基础难以负担乡村数字治理所需的各项要素投入费用。囿于资金体量和机制限制，社会资本和民众参与的程度较低，从而影响了数字乡村建设的长足发展。

（三）农业信息化程度有待提高

一是数据获取范围窄。浦口数字农业技术应用场景单一，大部分应用还停留在生产环节，以物联网技术应用为代表，目前主要停留在大田种植的灌溉，设施农业的光照、温湿度、水肥一体控制，水产养殖的自动增氧，畜禽养殖的环境控制等。产业链其他环节的信息化和数字化程度较低，如流通端的精准溯源目前仅局限于物流企业的信息化协同，消费端依赖于电商平台，数据多元、零散、质量差等情况比较普遍，缺乏与农产品生产数据的融合，未形成闭环的全流程数字化能力。二是数据资源整合难。调研发现，浦口数字乡村建设内容涉及产业、治理与服务三大领域，区级层面，除农业农村局外还涉及组织部（党建红云平台）、政法委（大联勤综合信息服务平台）、行政审批局（政务服务平台）等单位，各单位在数据采集时口径不同，给数据采集、整合和共享应用带来较大阻碍。另外，因跨部门共享机制不健全、政策制度滞后等原因，“不愿共享”“不敢共享”“不会共享”等问题不同程度存在，影响了数据资源共享应用的整体效能。

（四）农业生产者信息素养有待加强

一是农业从业者整体素质偏低。长久以来，由于经济发展不协调不充分的问题，越来越多的农村中青年人外出务工，只余下了一些老人、妇女、儿童，以至于许多村成了所谓的“993861”部队[①]，而这一群体认知水平和学习能力有限，面对数字技术的使用门槛，可能存在对数字乡村服务参与不足的情况。二是从业人员信息应用能力不高。部分涉农政府部门干部学习与使用信息化技术与设备存在困难，信息技术掌握程度较低；基层农技队伍知识严重老化，年龄结构、专业结构、梯次结构不合理现象普遍，推广新技术的人才尤其缺乏；农民信息意识薄弱、大多数农民的信息化应用仅停留在新闻浏览、娱乐等层面，而将信息化技术、设备和服务用于促进农业生产和改善生活则严重不足。此外，农业生产规模小，很多还是一家一户分散的小规模生产和经营，致使现有的农业机械、设备、农具以及劳动力利用不充分，导致单位面积的投入成本高[②]。

三、现代服务业融合度低，文化资源有待挖掘

坐拥丰富的自然资源，浦口的文旅健康产业发展迅猛，但主要依托自然景观打造的旅游产品较单一，产品和服务的浦口特色不够明显。区域联动不足，全区文旅资源整合不足，缺乏变现旅游资源的抓手，生产性服务业发展不足。加之生活性配套不完善，缺乏大型商贸综合体，综合性培训教育机构不多，租赁商务业作为区内规上服务业占比较大的行业，以劳务服务中介居多，低质且规模不足，对服务业支撑性不强。

---

① “99”指老人，“38”指妇女，“61”指儿童。

② 参见赵慧、程楠、张守涛等：《浦口数字乡村建设赋能乡村振兴的对策建议》，《唯实》2022年第11期。

（一）服务融合度有待提高

浦口文化底蕴深厚，文旅健康产业发展迅猛，但尚未深度融合。一方面，书法、非物质文化遗产等特色文化的旅游运用仍停留在观光型产品打造，业态产品品质有待提升；另一方面，文化资源有待深度挖掘，缺乏高质量文旅融合项目。部分偏远地区文体设施陈旧、硬件不足，缺少日常管理，不能完全适应群众对于高品质文体活动的需求。同时，基层文体活动存在形式单一等问题。街道层面的文化旅游体育未完全整合，人才配备不足。

（二）服务内容均衡度有待升级

浦口旅游项目多散落在老山和北部片区，其他区域大多呈点状开发，未形成集群效应。休闲体验产品特色较弱，从观光旅游迈向休闲度假旅游步伐较为缓慢；乡村旅游区缺乏核心吸引产品，尤其是夜游产品；浦口旅游人均消费全市排名第七，过夜游客占比少，平均旅游天数低。住宿供给能力有限。从携程旅行网的数据来看，浦口区各类酒店数量位列全市中游，总量约为第一名江宁区的1/4，差距明显。品牌化餐饮欠缺。以星甸烤鸭、桥林茶干为代表的特色美食产品对外知名度较弱、品牌化不足，缺乏产品推广与品牌打造。食住行游购娱旅游六要素有待优化提升。

（三）特色品牌营销度有待提升

浦口全方位度假服务缺乏体系化建设，旅游公路多呈“井”字状分布。智慧服务平台已初步建立，但是目前以服务功能为主，缺乏功能融合、高效运营与游客市场推广。文旅体空间主客不共享，现有部分城市文化及体育空间与旅游休闲空间未能合理共融共享，宜居宜游的花园城市空间待优化。浦口形象定位不清晰。对比江宁“来江宁织造幸福”、溧水“天生溧水”等宣传口号，浦口目前旅游品牌仍然主要关注自然风光，和当前休闲旅游市场主抓游客“感受”“体验”的趋势相差甚远，缺少准确的市场定位，缺乏叫得响的旅游口号。区域影响力仍显不足。“浦口区”网络关注度在南京市内排名中等，话题阅读量、网络关注热度与对标地区仍有显著差距。

四、产业招资引资力度不够，营商环境有待改善

（一）招商引资能力有待提升

经过不断提升产业承接能力和优化营商环境，浦口在招商引资和商圈升级方面取得重要竞争力，但依然存在一些问题和困难。一是商业规划布局不尽完善。江浦中心城区的商业整体规划和项目布局均缺少长远战略性的考量，商业综合体发展定位、经营模式较为雷同，未能完全实现特色分明、竞争优势明显的错位发展。二是项目落地、建设、运营尚存困难。优质项目的引进、落地仍然略显不足，杭州士兰微、南京枫林等部分项目在项目注册、开工运营等方面存在困难。在经济形势下滑的影响下，部分实体商业经营方式或业态转型等方面调整不当，存在人气、商气不旺的现象。三是消费业态不够丰富。招商思维还不够灵活、发散，商家的同质化、商品的同质化现象较为明显，缺乏各自特色，互动性不足，“浦口首进”还是较少。项目引进“补短板”的意识还不够充分，例如，品牌汽车销售、车辆维修保养的服务项目相应缺乏。

（二）生产生活基础设施不够完善

完善的配套设施是优化营商环境，提升对企吸引力的重要基础，目前浦口的基础设施还不够完善。一是集成电路产业生产配套专业设施需求凸显。集成电路制造型企业对高可靠性供电、化学品存储、固体废弃物收集及污水处理的需求较高，浦口的配套环境尚不够完善，从而因配套设施不足而增加企业生产成本。亟须进一步完善给排水、供气、通信等基础设施建设，保障企业生产运营稳定。二是生活服务配套设施建设有待优化。受地理位置限制，浦口高标准商场、餐饮、影院、文体、娱乐等市场主体不足，难以满足企业工作人员对生活娱乐场所的多样化需求。尤其是人员集中居住区、工作区、休闲娱乐区的公共交通运输能力有限，难以保障企业员工上下班通勤及节假日出行的便利。此外，针对外来引进人才的安居支持建设不足，居住配套、生活配套、交通网络、消费体系等方面设施配套尚待优化，亟须完善集衣、食、住、行、学、闲、用等各方面需求于一体的生活板块，以加速产城融合，吸引更多年轻人在浦口落户。

第四节

浦口“产业金色”的未来展望

面向未来，更高品质的“产业金色”需要浦口将更高质量发展落实到各领域各层级。在产业结构方面，强化科技支撑，更加关注高新技术企业的创新性、成长性和贡献度，推动科技研究成果的转化落地，壮大产业集群。在科技创新方面，要以体制机制创新为着力点，不断释放创新活力，通过人才创新带动技术应用创新。在乡村振兴方面，要紧抓数字乡村建设机遇，聚焦高端，聚焦改革，盘活农村资源、释放发展活力，把高质量发展贯穿“三农”领域，夯实现代化的底层根基。在营商环境方面，以基础设施完善不断优化营商环境，突出服务功能，强化服务能力，为产业发展和人才引进提供源源不断的要素支撑。

一、聚合：推动产业结构优化升级

产业升级是浦口“产业金色”高质量发展的支撑动力。深入贯彻落实《中国制造2025》战略发展要求，围绕南京市八大产业链布局，坚持“强链、补链、延链”三步走战略，以集成电路、高端交通装备两大地标性产业为引领，新材料、智能制造装备、生物医药及高性能医疗器械三大高技术产业为梯度培育产业，打造浦口特色的“2+3”制造业体系。对产业发展进行一体谋划，注重产业链条差异化布局，推动产业园区协同发展，推动浦口开发区、高新区等4个功能园区与新区5个产业平台协调并进，在特色产业方向、载体建设、设施运营等方面深化合作互补。

（一）强化统筹调度，推进重点项目

一是瞄准高端，提高制造产业工艺水平。发挥龙头企业引领作用，鼓励以台积电为代表的高端制造龙头企业发挥“标杆”作用，邀请台积电、华天等企业高层在IC咖啡等业内技术交流中接受访谈并与区内其他企业代表互动交流，帮助集成电路中小企业快速成长；加快引进特殊工艺、制程的晶圆制造企业，强化产业链的完整度，做大做强中间制造环节；持续引进和吸收先进的生产制造工艺，大力发展模拟及数模混合芯片、MEMS芯片、超高压芯片、射频微波芯片等特色专用芯片工艺生产线，提升特色工艺能力，缩小浦口与国际先进技术的差距。二是强链补链，推动产业体系优化升级。针对轨道交通产业链缺失与薄弱环节，发布自主可控的强链补链重点关键技术攻关方向，以行业共识之力加快突破“卡脖子”技术；积极利用浦口轨道交通产业永宁工业园、开发区、浦和产业合作示范区“一核两区”成熟的工业用地优势和现有载体基础，加快中车浦镇车辆厂新厂址建设项目落地，依托其优质的科研资源与先进的生产经验，在检测检验平台、生产工作平台、运营服务平台等方面优先进行合作；构建以主机为牵引，零部件产业全方位配套的轨道交通装备产业体系，全面推动轨道交通产业实力提升。

（二）强化主动作为，推动质效提升

一是质效并举，增强封测产业影响力。以封装测试企业兼并重组

为着力点，培育以华天为代表的本土封测龙头企业；建成国内高水平集成电路封测产业基地，加快长晶科技等项目建设，推动矽邦半导体、芯德半导体等企业在晶圆测试、SMT 等领域形成专业化技术服务能力。依托华天的产业影响力，积极招引如日月光等国际性企业；关注开发晶圆级芯片尺寸封装技术（CSP）和三维（3D）封装技术等高端先进技术，实现技术开发与规模化生产并举。二是不断提升轨道交通产业能级。聚焦转型升级，加快提升经济发展质效，坚定不移走“高质量、快发展、有特色”道路。围绕园区高端交通装备主导产业，加快推进产业链做强做优。在已有的新能源汽车领域基础上，对轨道交通领域进行统筹规划、整体布局，并将产业触角进一步延伸至航空航天领域，不断优化产业结构、提升产业能级。

（三）强化资源利用，优化产业布局

一是优化生态，打造产业服务链条。在集成电路产业，通过建立协同发展联席会议制度，形成互有侧重的产业分工格局，利用“双区叠加”优势，协同推动制度创新，争取更多首创试点，探索建立招商信息共享平台。突破信息壁垒带来的制约，持续完善台积电晶圆制造服务联盟、华天科技集成电路工业互联网服务平台、毅达汇景集成电路数据中心等平台载体服务功能，打造优质服务环境。以服务引导协同创新，加快推进集成电路产业创新中心、凌华集成电路研究院、诚芯集成电路研究院、南京集成电路创新馆、中科芯谷集成电路设备产业园及 IC 集成电路研创园等一批公共技术服务平台建设。广求合作，积极寻求省外乃至全球范围内的技术合作契机，鼓励高校研究团队、新研机构“走出浦口”。二是围绕两大地标产业，带动工业整体技术水平的提升。发挥智能制造装备产业对集成电路和高端交通装备两

大地标产业的支撑作用，鼓励企业跨界合作，探索车用电缆、智慧能源、智慧交通等细分市场；借助航空航天产业初起之势，探索以大飞机、支线飞机及通用飞机为应用对象的智能装备市场，鼓励引进飞机制造、机床制造和材料生产企业，拓展航空航天装备制造新领域；利用好智能制造装备重点产业链打造的政策优势，瞄准工业智能化目标，助力浦口工业实力提升。

二、聚智：发挥科技创新支撑作用

科技创新是浦口“产业金色”高质量发展的关键支撑，为保证科技创新活力源泉的充分涌流，浦口应从体制机制创新、强化人才支持和主体创新支持等多个方面为产业发展提供足够的智力支持。

（一）紧抓体制改革机遇，持续挖掘创新发展潜力

加快释放发展动能，不断激发创新活力，提升工作质效、发挥资源优势、全力争先进位。以体制机制改革为突破口，坚持改革不停步，抢抓改革机遇，释放改革活力。浦口高新区实行全员聘用制，建立能进能出、优胜劣汰的干部任用机制，推动管委会和机关部门、街道干部双向交流。科创集团致力于开发并持有大量科技载体，为入区企业提供高品质空间载体，作为集聚高科技产业资源的稳定器，以期打造国内一流园区系统开发与综合服务商。接下来，园区将以市场化方式做实科创集团，实现由“功能单一的产业园区”向“产城融合发展”转型，由“圈地招商”向“产业投资经营”转型，由政府管理为主向“小政府大服务强经营”转型，实现健康可持续发展。

（二）加速人才集聚培育，推动产学研用深度融合

搭建产学研用合作交流平台，优化创新创业环境。吸引一批影响力大、带动力强的顶尖人才和项目团队落地，加快区域内人才链与产业链同频共振，推动产业和人才联动发展、互促共赢。充分发挥高新区、农创中心入驻与合作科研院所的优势，强化政府引导扶持作用，构建“产学研”双方利益与风险共担机制，并完善各类科技服务平台功能，促成产学研各方长期战略合作。为产学研合作提供制度保障，通过制定相关政策，提供产学研双方协同创新和深度合作的基础；以优越的合作条件吸引和引导更多企业和高校院所参与并直接合作；加大产学研经费投入力度，提供补助资金；建立政府投入为引导、社会投入为主体的多元化投资体系，保证产学研合作的顺利开展。

（三）全力支持创新主体，打造更高水平创新环境

持续发力政策、要素、项目和市场等，聚力培育科技创新主体，让企业在科技创新中发挥更大作用，推动产业经济向创新经济跃升，为中国式现代化浦口新实践提供有力的科技支撑。聚焦高质量发展主线，强化政策精准供给，提升科技服务质效，打出助企纾困的新招实招，厚植更有温度的创新生态，围绕企业梯队培育、平台载体建设、项目落地支持、科创氛围营造等四大方面，全方位激发创新主体活力，提升产业发展势能。以服务能力不断抬高发展能级，把环境优势加快转化为发展胜势。以贯通创新链、融入产业链、对接服务链的多种服务体系为核心，促进技术、资本、人才、服务等创新资源的深度融合与优化配置，推动创新供给和需求有效对接。为服务划出规范标准，打造和完善针对创新企业发展需求精准定制的公共服务平台，通过部

门间的联动协作，解决企业难题，推动高质量发展走上新赛道。面向国际抓创新、立足主业抓创新、完善机制抓创新、保持定力抓创新，拓展海外朋友圈，延伸国际创新链，深化“生根出访”工作，更好地接纳国际合作项目，打造具有国际影响力的工业设计中心和设计成果产业化基地。针对各主体创业创新需求，着力建立孵化、加速、毕业的完整双创链条，加强与海外的协同创新与交流，瞄准海内外双创大赛获奖项目和知名风投机构投资项目，提高国际合作项目成功率。

三、聚力：激活乡村振兴内生动力

产业兴旺是乡村振兴的基石，也是浦口“产业金色”高质量发展的坚固基础。浦口应积极深挖产业发展潜力，加快打造浦口特色都市型乡村产业体系，坚持农业农村优先发展，统筹规划农业综合开发，稳步推进美丽乡村建设，发展特色种养业、农产品精深加工业，激发农村产业活力，以产业振兴带动乡村全面振兴。

（一）加强农业基础建设保障

一是严守耕地红线。坚决落实党的二十大精神，实行最严格的耕地保护制度，严控耕地转为非农建设用地，加强改进占补平衡。全面实行非农建设占用耕地先补后占，强调做到占一补一、占优补优、占水田补水田。严格补充耕地核实认定，建立补充耕地地块公开制度，确保补充耕地真实可靠。严控耕地转为其他农用地，实行“进出平衡”制度，明确要求对耕地转为林地、草地、园地等其他农用地的，必须在年度内补足数量相等、质量相当的可长期稳定利用耕地。二是完善农田基础设施。持续不断推动高标准农田与农业基础设施建设，推动农业转型升级和高质量发展。区委区政府高度重视高标准农田建设，每年安排3000万元用于全区耕地质量提升，出台高标准农田监管的实施意见。有效推进农业机械化提档升级、促进新型农业经营主体发育、加速新技术新品种推广应用，加强农业基础设施和配套设施建设，鼓励对农业设施的投入，对购买农业机械入库按50%补贴，大棚按40%补贴。2022年出台了《关于加快推进浦口国家数字乡村试点区建设实施意见》《2022年浦口区数字乡村建设工作要点》，2021年出台了《惠农惠企十条政策》，引领市场主体提高对现代农业的投入。提高农业设施标准，对大棚等农业设施的补贴以能配合机械生产为前提，促进农业生产机械化，持续推动机械强农。完善冷链、物流、交通运输等配套设施，强化特色、补齐短板、拉长优势。

（二）加快农村产业融合发展

一是以“农业+”模式促进农旅融合，让农业生产场景延伸拓展为休闲农旅场景。突出产业集聚，进一步加大产业招引力度，培育永宁青菜村、星甸甜瓜村，围绕精深加工、农旅融合等方向，突出产业链式招商，开展农业招商引资专场活动，重点招引农业产业链头部企业及上下游配套企业，着力构建农业全产业链协同发展格局。二是推动农村产业现代化。加快永宁街道新建冷库、运输设备、产品检测设备、仓库及配套设施用房等工程，加快桥林街道新增水稻种植区域的基础设施建设，着力解决农副产品标准化、物流标准化、冷链仓储建设等关键问题，竭力保障农民增收。利用云田等互联网平台，构建农副产品质量安全追溯公共服务平台，支持新型农业生产经营主体利用互联网技术加快建设跨行业、跨区域的物流信息服务平台，提高物流供需信息对接和使用效率。积极开展跨区域农业合作，与南谯示范区在高、新、绿产业领域展开丰富合作，与和县台创园建立合作机制，共建现代农业示范基地。

（三）强化科技兴农的支撑作用

一是强化科技兴农，大力支持农创中心科技成果优先就地转化。加快与汤泉农场一体联动，建成高水平农业创新载体，引领带动优质农业、农产品加工业提质增效。放大数字乡村的建设效益。降成本，提速度，不断拓宽数字农业的应用场景。持续强化园区领域工业化的理念和工业化的思路，来推动现代农业的发展。在载体平台建设、人才队伍建设、体制机制创新方面积极探索，切实解决科技与产业“两张皮”问题。不断深化体制机制改革，贯彻新发展理念、构建良好的政策环境、提供更优质的服务，破除束缚农业科技创新的思想壁垒和体制障碍，进一步激发创新动能、活力，持续推进现代农业的科技赋能。二是围绕南京国家农创中心打造“农业硅谷”的目标定位，充分发挥牵头作用，依托入园企业、人才团队、科研平台等优势资源，通过科技赋能提质增效，引领全区现代农业发展。发挥省农业农村大数据中心统筹调度优势，联动入园企业，深入开展智慧农业技术集成和应用创新研发工作。建设研发高地、科技服务平台、农业科技总部经济三大板块，健全农创中心与星甸、汤泉等街道的联动机制，为现代农业科技成果入村培育新载体，加速跑赢农业科技成果转化的“最后一公里”。

四、聚心：持续优化产业发展环境

持续推进营商环境优化是推动浦口“产业金色”高质量发展的重

要保障。一方面，围绕主导产业，瞄准重点领域、重点企业、重点人才，依靠“一个项目关联一个项目”强链补链、聚链成群；加快走出去的步伐，紧盯大体量项目，做到常联系、不断线，尽快促成签约落地。另一方面，紧紧围绕新兴产业，强化招商队伍建设，提高市场嗅觉，提升招商的战略性、专业性眼光；加快产业基金的整合，引导新兴产业、高成长企业发展。

（一）加强基础建设，突出功能效用

一是持续优化基础环境。进一步优化区内道路，构建内外畅达的交通体系；继续实施污水处理厂升级改造，完善管网基础设施；持续推进220千伏电网构建环网，保障各产业载体用电需求。升级项目配套，强化承载功能。扎实做好水、电、气等传统配套，加快5G基站、工业互联网等新基建项目建设，坚持方案化、工程化、清单化推进，强力支持产业发展。二是注重项目建设，强化服务功能。开展人性化实施道路修复、口袋公园、停车优化等微项目，以细节上的真心赢得群众的好口碑。推进交通格局立体化，协同新区加快S356、G235、宁和高速、沿山大道改造等重点项目建设，促进内外畅达、区域贯通。推进市政建管整体化，推动海绵城市、水系电力、地下设施、防灾及人防工程建设衔接，促进基础设施一体运维、高效管理。推进智慧城市联动化，加快区域数字化转型，共谋5G网络、人工智能平台等建设布局，推动各类场景优先在江北应用、率先在两区互相推广。强化园区、街道一体化发展，优化资源配置，抓好开发区江苏省先进制造业和现代服务业深度融合试点，加强生产性服务业招商和布局，补齐产业链发展短板。以纵深推进优化营商环境建设，进一步激发市场活力和社会创造力，为浦口发展高质量产业凝聚强大动能。

（二）保障要素支撑，完善产业生态

一是强化企业发展要素支持。重大产业项目的用地保障，合理安排空间指标，充分利用市场机制盘活工业园区低效土地资源。优化资金扶持机制，统筹发挥现有产业专项资金、产业发展和创新创业基金等政策性基金作用，支持企业做大做强。加强知识产权保护，深入推进国家知识产权试点园区建设，努力形成园区知识产权布局合理、专利密集型产业培育有效、创新型知识产权优势企业集聚的空间结构。二是聚焦企业需求提供支持服务。科技局、工信局、发改委等部门要个性化诊断、带政策上门，鼓励企业进行技术升级和数字转型，在前沿领域布局赛道、抢占先机；强化产业联合、项目联动，推动形成一定的产业集群。加强摸排，注重项目信息，通过开展服务企业大走访、大排查、大攻坚活动，务实解决一批影响企业发展的问题。在日常走访服务工作中，加强对基础信息的摸排，形成有效数据。注重对项目信息的收集，摸清实情，及时反馈，不断充实园区招商项目信息库，助力招商工作取得新进展。依托重点企业和公共服务平台，帮助中小企业拓展新领域、新业务，促进产业链上下协同。完善政产学研体系，搭建供需对接平台，解决好企业急需的关键问题。

（三）优化工作机制，提升服务能力

一是强化领导协调。各级领导、职能部门和工作人员要结合自身工作职责，不断加强沟通和交流，不断健全和完善互相协作、互相支持、共同推进的工作机制，形成工作合力，不断增强工作责任感和使命感，形成一级抓一级、层层抓落实的工作格局。面对企业诉求和实际困难，要靠前站、亲自抓、主动推，确保有效化解。坚持创新思路举措，努力提升分析研判和解决问题的实际能力。二是提升服务企业质量。继续落实“审批服务不见面”“综合执法一队伍”“审批服务一窗口”“一件事办一次”等举措，以智慧政务自助体验厅为载体，整合重构部门窗口，推进相关审批执法事权向街道、园区集中，简化行政办事手续，为企业提供高效服务。强化动态跟踪，跟踪把握新建和续建项目手续办理和建设情况，常态化摸排和解决项目推进中存在的问题，做好服务保障。

总的来说，浦口在现代化过程中既面临一些挑战，也迎来新的机遇。回望过去，浦口以“产业金色”的鲜明特点和突出优势推动产业发展，聚焦高端装备制造、集成电路、数字乡村、文旅健康等领域重点发力，为谱写中国式现代化新篇章贡献浦口经验。面向未来，浦口以党的二十大精神为引领，始终坚持和贯彻落实产业高质量发展的要求，以“产业金色”理念，为提高产业发展质量与成色提供动力和方向，奋力推动浦口产业高质量发展，为建设“强富美高”新南京贡献浦口力量，不断谱写中国式现代化浦口新篇章。

第三章

“文化青色”增添浦口高质量发展亮色

党的二十大报告指出：“全面建设社会主义现代化国家，必须坚持中国特色社会主义文化发展道路，增强文化自信，围绕举旗帜、聚民心、育新人、兴文化、展形象建设社会主义文化强国，发展面向现代化、面向世界、面向未来的，民族的科学的大众的社会主义文化，激发全民族文化创新创造活力，增强实现中华民族伟大复兴的精神力量。”①

2023年7月，习近平总书记在江苏考察时，作出“在科技创新上取得新突破，在强链补链延链上展现新作为，在建设中华民族现代文明上探索新经验，在推进社会治理现代化上实现新提升”②的重大要求。青色是解密中华传统文化的颜色密码，是中国

① 习近平：《高举中国特色社会主义伟大旗帜 为全面建设社会主义现代化国家而团结奋斗——在中国共产党第二十次全国代表大会上的报告》，人民出版社2022年版，第42—43页。

② 《习近平在江苏考察时强调在推进中国式现代化中走在前做示范 谱写“强富美高”新江苏现代化建设新篇章》，《人民日报》2023年7月8日。

文化的色彩符号。浦口围绕“四新”之“在建设中华民族现代文明上探索新经验”，着力因地制宜在文化传承、品牌打造、融合创新、文化共享等方面彰显区域特色，“在推进中国式现代化中走在前、做示范”，奋力推进中国式现代化浦口新实践，谱写“强富美高”新浦口现代化建设新篇章。

第一节

文化建设的理论内涵和意义

一、文化相关概念

（一）文化的概念

“文化”一词，在中国语言系统中已延续千年。“文”的本义是指花纹、纹理。根据“文”直观的最初感受，有三种主要的引申义。一是根据被具体化了的文物典籍和礼乐制度，引申为符号和符号载体。古代伏羲氏在天下称王时，有“造书契”“生文籍”的典故。二是“文”由华丽之义，引申出文化修养之义。典型的是《论语·雍也》中就有类似的表达。三是由伦理之说及其本义导出的美、善、德行之义。可见《礼记·乐记》：“礼减而进，以进为文；乐盈而反，以反为文。”“化”本义是指教化，改变之义。此字始见于商代甲骨文，在中国古代史上，“文化”一词最早出现在《易经》中，《易经》贲卦彖传：“观乎人文，以化成天下。”即人们的行为要符合文明礼仪，由此推及天下，以成“大化”。在国外，“文化”一词最早是作为农业术语使用，起源于古罗马时期，古罗马人根据拉丁语中“cultus”创建今天西方语境中的“culture”，原有“种植、耕作”之义，后逐渐转义为“培养、教养”，指人对文化的创造作用。

近现代以来，毛泽东以历史唯物主义为基础，在《新民主主义论》

中对文化进行了社会结构的定位，认为文化是一定社会的政治和经济的反映，又给予伟大影响和作用于一定社会的政治和经济。梁漱溟先生在1920年版的《东西文化及其哲学》一书中指出，文化是“人类生活的样法”，他把这种生活的样法分为精神生活、物质生活、社会生活三部分。[①] 此概念的提出在文化界具有较大的影响力。直至20世纪80年代以后广义文化与狭义文化的概念逐渐清晰，广义文化是与自然相对应的，它是指所有与人类有关的社会行为，是物质与精神总和。狭义的文化则是与相对有形物质相对的，即人类的知识学问、风俗习惯、思想境界等精神产物。

（二）文化建设的概念

文化建设是一项综合性的系统工程，是国家和民族的根和魂。文化建设概念的首次突破是在党的十六大上，会议首次将文化事业和文化产业作为文化建设的两个分支概念进行阐述，而且这种定义一直延续至今。2020年9月，习近平总书记在教育文化卫生体育领域的专家代表座谈会上指出，发展中国特色社会主义文化要共同繁荣文化事业和文化产业，也是对上述概念的认可和沿用。[②] 显而易见，文化建设的两个分支区别在于文化的公益性和经营性，其中，具有公益性的文化事业是指以满足广大人民群众的精神文化需求为主，以政府为投入主体，旨在完善公共文化服务体系的一系列活动，包括文化基础设施建设、文化人才队伍组建、文化传承保护等；文化产业则是主要依靠社会资本，具有一定的经济效益，以满足市场需求为目的，向社会提供营利性的文化产品和文化服务。文化建设是以提高人民文化素质和思想道

---

① 参见司马云杰：《文化社会学》，中国社会科学出版社2001年版，第3—4页。

② 参见《在教育文化卫生体育领域的专家代表座谈会上的讲话》，人民网，2020年9月23日。

德修养为主要内容，以满足人民群众的精神文化需求和健全公共文化基础设施为目的，加强我国精神文明建设水平，打造和输出高质量的文化服务和文化产品。加强文化建设是广大群众的客观需求，也是打造和谐社会的重要保证。

（三）马克思主义文化观

马克思、恩格斯首次构建了以唯物史观为基础的文化观。马克思、恩格斯的文化观的形成是基于对黑格尔、鲍威尔、费尔巴哈等人的思想批判和决裂，不同于以往的理论家，马克思主义文化观的起点在于“现实中的人”，而非“以从口头说的、思想出来的、设想出来的、想象的人”，批判以唯心主义为逻辑基点的文化观点和立场，把关注点放在现实的生活和现实中的人，把人的生产实践活动置于其中进行观察分析，完全跳出文化史观的唯心主义逻辑，同时批判费尔巴哈的旧唯物史观，把人的生存境遇和生存状态作为最终关怀，脱离抽象的实体本体论转向生存本体论。

二、中国共产党文化建设的政策演变

坚持党对文化建设的领导，加强党的文化建设，不仅是我们党战胜敌人、夺取政权的思想武器，也是实现党和国家稳步发展、建设社会主义现代化国家的长远之策、固本之举。

在革命战争年代，党就把文化建设与无产阶级政党的领导权紧密联系在一起。党领导文化建设主要是坚持马克思主义的理论武装，推进马克思主义中国化，发挥文化战线的功能，建立健全党的制度和加强军队文化建设。毛泽东指出：“我们要战胜敌人，首先要依靠手里拿枪的军队……我们还要有文化的军队，这是团结自己、战胜敌人必不可少的一支军队。”[①]1942年，毛泽东发表《在延安文艺座谈会上的讲话》指出，“文艺工作的对象是工农兵及其干部”[②]。在28年艰苦卓绝的革命斗争中，我们党秉持坚定的理想信念和高尚的为民情怀，形成了特色鲜明的红色革命文化，成为战胜困难取得胜利的强大精神动力。

新中国成立后，党在崭新的国家政权中积极探索文化建设之路。1949年9月，《中国人民政治协商会议共同纲领》规定：“中华人民共和国的文化教育为新民主主义的，即民族的、科学的、大众的文化教育。”1956年11月，毛泽东提出了建设“现代化的文化和科学”的发展目标，之后又提出了“百花齐放，百家争鸣”和“古为今用，洋为中用”的文化建设方针方法，建立和发展社会主义文化事业，明确了吸收借鉴古代与西方文化的目的是创造出属于我们自己的文化。

党的十一届三中全会后，党坚持解放思想，实事求是，提出物质文明和精神文明要两手抓，两手都要硬，赋予文化建设新的时代内涵。1979年，邓小平在中国文学艺术工作者第四次代表大会上提出：“我们要在建设高度物质文明的同时，提高全民族的科学文化水平，发展高尚的丰富多彩的文化生活，建设高度的社会主义精神文明。”[③]1980年，党提出“文艺为人民服务、为社会主义服务”的号召，成为党在社会主义新时期领导文艺工作的基本遵循。文艺工作者创作大批优秀文艺作品，出版事业得到快速恢复和发展，陆续设立并组织开展优秀文艺作品评选表彰活动，文化建设展现出勃勃生机。

党的十五大把文化建设与经济建设、政治建设明确为党的“三位一

① 《毛泽东选集》第3卷，人民出版社1991年版，第847页。

② 《中国共产党百年文化建设的实践与经验》，光明网，2021年5月20日。

③ 《邓小平文选》第2卷，人民出版社1994年版，第208页。

体”的布局，提出建设有中国特色社会主义文化的新任务，并把其作为党在社会主义初级阶段基本纲领的重要组成部分。大会指出“建设有中国特色社会主义的文化，就是以马克思主义为指导，以培育有理想、有道德、有文化、有纪律的公民为目标，发展面向现代化、面向世界、面向未来的，民族的科学的大众的社会主义文化”，强调“有中国特色社会主义的文化，是凝聚和激励全国各族人民的重要力量，是综合国力的重要标志”。党的十五大后，中国特色社会主义文化建设以实施“精品战略”为核心，不断在加强管理和深化改革上下功夫，陆续制定和完善出版、印刷、音像制品、营业性演出以及广播电视等方面的管理条例，中央宣传部等部门印发《关于深化新闻出版广播影视业改革的若干意见》等文件，为文化精品进入市场提供法律保障和政策扶持，使健康文化产品牢牢占据文化市场的主流，文化建设呈现出繁荣发展的新局面。

党的十六大明确指出文化在综合国力竞争中的地位和作用越来越突出。通过深化文化体制改革，提出建设社会主义文化强国的战略任务，推动社会主义文化大发展大繁荣。党以增强活力、壮大实力、提高竞争力为重点，大力发展文化事业和文化产业，文化体制改革取得重大突破性进展，文化产业上升为国家战略性产业并快速发展。

党的十七大提出经济建设、政治建设、文化建设、社会建设“四位一体”，提出要提高国家文化软实力。党的十七届六中全会专题研究文化建设，首次提出了“建设社会主义文化强国”的战略目标。全会指出：“建设社会主义文化强国，就是要着力推动社会主义先进文化更加深入人心，推动社会主义精神文明和物质文明全面发展，不断开创全民族文化创造活力持续迸发、社会文化生活更加丰富多彩、人民基本文化权益得到更好保障、人民思想道德素质和科学文化素质全面提高的新局面，建设中华民族共有精神家园，为人类文明进步作出更大贡献。”自此，我国文化建设进入新的发展阶段。

党的十八大以来，中国特色社会主义进入新时代，以习近平同志为核心的党中央形成政治、经济、文化、社会和生态文明建设“五位一体”总体布局，把文化自信和道路自信、理论自信、制度自信并列为中国特色社会主义“四个自信”，把坚持马克思主义在意识形态领域指导地位的制度确立为中国特色社会主义制度体系的一项根本制度，把坚持社会主义核心价值体系纳入新时代坚持和发展中国特色社会主义的基本方略，推进我国文化建设在守正创新中取得历史性成就、发生历史性变革，为新时代坚持和发展中国特色社会主义、开创党和国家事业发展新局面提供了强大正能量。

党的十九大报告强调，“要坚持中国特色社会主义文化发展道路，激发全民族文化创新创造活力，建设社会主义文化强国”。党的十九届四中全会首次从制度层面将“坚持和完善繁荣发展社会主义先进文化的制度”纳入治国理政布局，为新时代中国特色社会主义文化建设指明了方向。党的十九届五中全会确定了“十四五”时期文化建设的主要目标和2035年建成文化强国的远景目标。

党的二十大首次将“文化自强”写入党的代表大会报告，提出“推进文化自信自强，铸就社会主义文化新辉煌”。明确指出新时代究竟要建设一个什么样的文化强国，“全面建设社会主义现代化国家，必须坚持中国特色社会主义文化发展道路，增强文化自信，围绕举旗帜、聚民心、育新人、兴文化、展形象建设社会主义文化强国，发展面向现代化、面向世界、面向未来的，民族的科学的大众的社会主义文化，激发全民族文化创新创造活力，增强实现中华民族伟大复兴的精神力量”①。

① 习近平：《高举中国特色社会主义伟大旗帜　为全面建设社会主义现代化国家而团结奋斗——在中国共产党第二十次全国代表大会上的报告》，人民出版社2022年版，第42—43页。

站在新的历史起点，开启全面建设社会主义现代化国家新征程，我们必须毫不动摇地坚持党对文化工作的领导权，坚持不懈地用习近平新时代中国特色社会主义思想武装全党、教育人民，传承党的优良传统，为实现中华民族伟大复兴提供文化支撑和精神力量。

在这个历史节点上，推进文化建设高质量发展，必须从国家和民族前途命运的高度、从满足人民群众根本利益的宗旨出发，把满足人民精神文化需求作为文化建设的出发点和落脚点，把提高社会文明程度作为基础性工程来抓。要把文化建设贯穿于现代化建设各领域全过程，加快构建中国特色哲学社会科学学科体系、学术体系、话语体系。要坚持以人民为中心的创作导向，深入生活、扎根人民，努力创作出无愧于时代、无愧于人民的优秀作品。要推动中华优秀传统文化创造性转化、创新性发展，深入挖掘和阐发中华优秀传统文化讲仁爱、重民本、守诚信、崇正义、尚和合、求大同的时代价值，使中华民族最基本的文化基因与当代文化相适应、与现代社会相协调，把跨越时空、超越国度、富有永恒魅力、具有当代价值的文化精神弘扬起来。要顺应人民群众对美好生活的向往，加快推进现代公共文化服务体系建设，深入实施重大公共文化工程，推动城乡公共文化服务均等化。要加强国际传播能力建设，创新对外宣传方式方法，推动中华文化更好走向世界。要全面贯彻党的民族政策和宗教政策，坚持我国宗教中国化方向，积极引导宗教与社会主义社会相适应。要坚持依法治国和以德治国相结合，重视发挥中华优秀传统文化在德治建设中的重要作用。要积极参与全球治理体系改革和建设，推动构建人类命运共同体。要加强党对宣传思想工作的全面领导。

第二节

浦口文化建设探索

一、文化传承——溯历史增自信，梳资源彰特色

（一）历史积淀上的文化传承

在浦口社会发展历史上，留存有丰厚的文化遗产，从考古和发掘情况来看，有距今6000余年的汤泉杨山头遗址，以及距今5000多年的营盘山古墓葬群和汤泉牛头岗遗址，另外还有分布在全区境内大量的原始社会、商周时代古文化遗址及两汉、晋、南朝、隋唐、宋元明清古墓葬100余座，还有浦口火车站、“二七纪念馆”等近现代文物，有张孝祥、石淮、庄昶、王荷波、林散之等古今名人；有“南门腔”、“八老鸽子”、“吓老鹰”、茶山会、伞灯、船灯、手狮舞、板凳虎等民歌民舞，还有楚汉相争、梁红玉抗金、太平天国等民间故事和传说。

目前，全区有省级文物保护单位1处，市级文物保护单位19处，区级文物保护单位18处，丰厚的文化积淀，为浦口现代文明建设提供了深厚的历史基础。一提起历史文化，浦口人如数家珍：佛教文化有禅宗始祖达摩“一苇渡江”碑、禅宗祖庭定山寺、千年古刹惠济寺；生态休闲文化有老山、汤泉、琥珀泉、珍珠泉“一山三泉”；民国文化有浦口火车站、龙虎巷、浦镇车辆厂；书法文化有以一代草圣林散之为首的“金陵四老”，民俗文化有手狮舞、宝葫芦、南门腔等。而到了

近代，浦口则有南京第一个共产党组织——浦口党小组以及“二七大罢工”指挥所旧址等重要近现代建筑。随着文化发展，目前浦口形成了以三座革命纪念碑、王荷波纪念馆等为代表的“红色文化”；以兜率寺、定山寺、惠济寺、达摩碑等为代表的佛教文化；以汤泉、琥珀泉、珍珠泉等为代表的温泉文化；以求雨山文化园区为代表的“书法文化”；以老山森林公园、沿江生态湿地保护区为代表的“生态文化”；以高新技术产业园区为代表的“创意文化”……这些铸就了传统与现代并存、自然与人文交织的浦口文化之魂。

独特多样的浦口文化，自然会吸引文人墨客在此流连忘返。自古以来，浦口即是文人墨客的汇聚之地。一门张氏流芳百世，从唐代张籍，到宋代张祁、张即之、张同之，影响深远，尤以宋代爱国词人张孝祥为最，其《六州歌头》词至今仍然令人荡气回肠。明代成化年间，浦邑名人庄昶、石淮和南海学子陈献章、娄怀玉等人欢聚浦口白马寺，留下为人称道的白马寺草书集碑。清康熙年间进士、诗文作家刘岩，被康熙誉为“中华一宝”。到了现当代，浦口文化名人中涌现了著名的一代“草圣”林散之，在求雨山上修建了“金陵四老”林散之、胡小石、高二适、萧娴的纪念馆。另外，著名油画大师陈丹青，著名书法家孙晓云都在浦口土地上接受熏陶、汲取营养，国画大家吴国亭、岳鸿武；书法、篆刻、摄影、古诗词、写作等各领域新人辈出，黄之金、张厚全、罗京新、张国栋、李静凤、李敬宇也均是浦口文化名人中的优秀代表、国家级会员，他们的作品得到业界认可，在国家层面展出。浦口还突破区域、部门限制，注重引进多学科知识和技能人才，提升其从事文化工作的综合素质和全面能力。正因为这些文化人才的引领，浦口文化建设不断得到繁荣、发展。

浦口文化建设不仅仅要发挥好资源和禀赋的优势，更需要运用产业化的手段，挖掘文化积淀、整合文化优势，使传统文化与现代文明相融合，把浦口的历史文化资源转化为生产力，转化为竞争力。为此，浦口大力推动文化产业成为浦口经济建设的新引擎，重点发力数字创意业、观光旅游业、演艺娱乐业、广告会展业、艺术培训业等。

在文化基础设施平台建设上，浦口根据城市功能布局和市民文化需求，编制《浦口文化基础设施建设规划》，并将其纳入浦口城市总体规划，实现优先安排文化设施用地，合理布局。近年来重点建设了一批展示浦口文化形象的现代化标志性文化设施，改建或扩建一批文化场所等。已实现街街建有文化站、村村建有文化室的目标。各街道文体站功能齐全，均设有书画创作室、排练室、图书阅览室、信息共享工程等功能室，全区还建成了1个市级示范文化广场、5个市级社区特色文化广场。2012年底，全区创建34家市级村（社区）文化活动室示范点，公共文化设施遍布城乡各个角落，15分钟文化活动便利圈的打造，让全区群众幸福指数不断攀升。

有了人才和平台支撑，浦口文化生活创举不断，先后举办了“浦口文化艺术节”“走在小康路上”“文明浦口人”“文博之夏”“公益书法讲座”等一系列具有浦口特色的文化品牌活动。每年元旦、春节有“送文化下乡”活动，5月有“红五月”歌会，夏季举办“夏之韵”纳凉晚会，国庆组织社区文艺汇演，在全区形成浦口文化“四季歌”。

浦口还特别重视非物质文化遗产成果保护。浦口民间散落有丰富的文化遗存，这些都是浦口人民的智慧结晶，在表现文化遗产价值的同时，也生动诉说着浦口灿烂的文化，为了保护、传承好这些文化瑰宝，浦口坚持梳理、抢救、保护民间非物质文化遗产项目，编辑出版《浦邑民韵》《浦口文韵》和《江苏省非物质文化遗产普查——浦口区资料汇编》，申报成功2件省非物质文化遗产项目，曾获南京市非物质文化先进区称号。

“一代草圣、十里温泉、百里老山、千年银杏、万只白鹭、十万亩国家级森林公园”，现代浦口人用这30个字高度概括了浦口的文化精髓和自然景观。多年来，浦口围绕“文化浦口”建设目标，文化人才辈出、文化产业取得突破性进展、品牌文化活动丰富多彩、文化成果丰硕，全区人民真正享受到文化发展带来的幸福与快乐。

林散之纪念馆

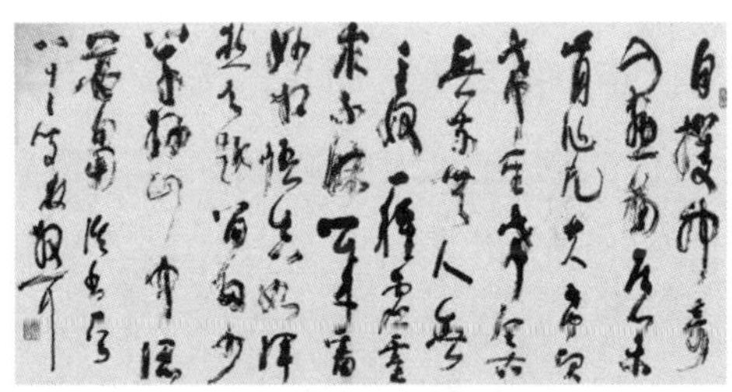

林散之书法《论书一首》

王荷波纪念馆

浦口汤泉

惠济寺

珍珠泉

（二）"十三五"以来浦口文化建设成果

一直以来，浦口厚植文化底蕴，大力建设文化浦口，以文化品位塑造城市形象，提高社会文明程度和城市影响力、竞争力，朝着把浦口建设成为具有突出文化标志、鲜明文化特色、浓厚文化氛围、丰富文化内涵的文化浦口目标而努力。

同时，坚持把文化建设作为拉动经济的增长点，实现文化与经济的融合，以文化拉动经济发展，以经济促进文化繁荣。2017年以来，浦口先后出台了《浦口区"十三五"文化和旅游融合发展规划》等系列文件，打造文化发展新模式，建立文化发展新品牌，着力于解决产业融合、公共服务、空间均衡、智慧建设、品牌影响等问题。重点探索"都市微度假"浦口文旅发展新模式，以优良的生态资源为依托打造高颜值微度假胜地，以国家级的文旅项目为核心打造高品质微度假产品，以完善的服务保障为支撑优化高品位微度假深体验。

"十三五"以来，浦口坚持以人民为中心的发展思想，坚定文化自信，坚持守正创新、久久为功，在打造"全国有影响、全省有地位、全市有特色"的文化品牌上实现新突破。通过不断发展，目前已取得以下成绩：

1. 文旅健康产业发展迅猛，品牌效应初显

近年来，浦口区获评中国旅游高质量发展区、国家生态文明建设示范区、中国天然氧吧、中国温泉之乡、中国诗歌之乡、中国民间文化（书法）艺术之乡、长三角最具魅力旅游度假康养目的地等荣誉称号，创成江苏省级全域旅游示范区，拥有省级旅游度假区2家、国家4A级景区2家，国家3A级景区3家，其中不老村入选全国乡村旅游重点村，永宁街道成功创成第二批全国乡村旅游重点镇，大埝社区、后圩村入选江苏省乡村旅游重点村。“微度假”品牌被写入2022年文旅部工作要点；南京浦口马拉松、长三角户外运动节等体育赛事热度不断，其中浦口马拉松2022年获国际田联标牌赛事，“南京环老山体育旅游景区”已连续7年被国家体育总局评为全国体育旅游精品景区。“金黄的田野之旅”被文旅部评为全国乡村旅游精品线路。2022年，浦口区首次跻身全国旅游综合实力百强区，获评中国旅游高质量发展区。全年接待游客1571万人次、旅游收入65.27亿元，同比分别增长54.9%、20.6%。2023年上半年，全区累计实现接待游客近千万人次、旅游消费58亿元，同比分别增长65%、42%。

2. 公共服务体系夯实基础，做优民生实事

（1）公共文化服务体系持续完善。全区不断加大基层文化服务力度，创新文化惠民服务举措，推动城乡公共文化服务体系一体建设，投资7亿元新建浦口图书馆和文化馆，建成8家24小时自助图书馆，在不老村景区打造成功11家特色阅读空间，建成求雨山游客中心开放式阅读空间。在珠江社区、石窑社区等地建成“博爱家园”“夏桥书房”等一批特色阵地，基层综合文化服务中心建成率在全市率先达到100%。图书馆、一家墨店入围江苏省最美文化空间；万人拥有公共文化设施面积达4432.82平方米，位居郊区第一。

（2）公共体育健身设施发展齐全。作为首批建成的“江苏省体育公共服务体系示范区”，浦口区坚持以满足群众多元化需求为导向，优化健康资源配置，全面提升城乡居民健康素养水平。新建改建市民中心和浦口体育场2个大型公共体育场馆，建成水墨大埝、兰溪湖等5个大型体育公园，新建社会足球场地16片，社区（村）级多功能运动场和健身小绿园53个，健身步道170千米，健身路径330套。街道级体育活动中心全覆盖，社区（村）室内外体育设施全覆盖，群众健身晨练点

400多个。每年投入160余万元，推动区内健身场馆、学校体育设施向社会低收费或免费开放。不断夯实“10分钟体育健身圈”，浦口区人均体育设施面积达3.7平方米，位居全市第一。

（3）旅游公共服务体系健全。全区形成沿老山、沿长江、沿滁河3大旅游体系，老山十里画廊旅游风景道为“首批江苏省旅游风景道”。累计建设旅游公路471千米、乡村林荫道65千米。区内目前共有度假酒店8家，客房1429间；发展民宿42家，客房610间。规划建成5条乡村旅游精品线路，全长120千米。打造了浦口智慧旅游、南京老山自驾游、文化浦口云3个智慧旅游平台。建成环老山驿站、观景台、自驾车营地等旅游配套设施。

3. 文化活动盯传承塑形象，城乡全面覆盖

（1）文化活动多姿多彩。以情系新浦口为主题，搭载节庆，实现演出、赛事等活动与公园、广场的无缝“嫁接”，全区近年来共开展各式文化活动5200余场。打造以文化馆为引导、以文化公益机构为主体、以社区居民为基础的社区群众文化队伍，有力推进文化下基层服务，面向景区、社区、学校持续开展送演出、图书、讲座培训、展览等活动200余场，送图书进基层6万册，放映公益电影2300场；为丰富群众精神文化生活，全区推出传统节庆系列活动800余场（次），举办9届文化艺术节，让阅读、书法、绘画、戏曲、舞蹈等文化项目融入基层群众的日常生活，形成多点、高频、流动的文化活动共享，营造浓厚的文化氛围。

（2）文艺创作屡出精品。“翰墨颂盛世 丹青绘新篇”书画展被中央统战部表扬；曲艺作品《激战“三浦”》获江苏第十四届“五星工程奖”和网络最佳人气奖；话剧《王荷波》作为“不忘初心、牢记使命”主题教育特色内容被南京市委组织部表扬，并进行公演；江浦手狮作为南京市唯一入选首届全国农民艺术节参赛节目，获得组委会最高奖——精粹奖。小戏《爸爸的证明》在“中华颂”第七届全国小戏小品中被评为金奖。2022年，南京白局《较量》获评江苏省群众文艺政府最高奖“五星工程奖”。

（3）全民健身建设亮点纷呈。开展各类全民健身活动600余场次，参加人数近20万人次。建成健康驿站、健康步道、健康主题公园等各类“健康细胞”151个。2022年配套提档，新建15千米健身步道、2个百姓健身房；建成永宁街道运动促进健康站，国民体质检测合格率达96%；选送40名运动员参加全国国际式摔跤锦标赛等4场比赛，获得金牌21个、银牌6个，“健康浦口”样板已逐步迈入“收获季”。此外，对手狮、石锁、武术等特色民间传统体育项目进行传承和挖掘，创新开展自主知识产权的有氧三项运动，打造有氧三项特色赛事品牌。2017年获得“全国群众体育工作先进单位”；2018年、2019年、2020年连续获“江苏省县级体育工作先进单位”。

4. 体制机制改革持续深化，融合再现活力

（1）推进深度融合。2019年原文化、旅游、体育三局合并，成立浦口区文化和旅游局（体育局、广播电视局），按照“以文促旅、以旅彰文、文旅体融合”的工作思路，人、财、物全面融合，充分实现“1+1+1＞3”的效果。

（2）创新体制机制。文化综合执法大队体制改革，完善举报办理、交叉检查、案件督办、应急处置等工作流程，综合执法队伍进一步加强。

（3）突出综合治理。实现景区景点、文体娱乐场所网格化服务管理全覆盖。执法工作连续多年获省“无小耳朵”先进、省“扫黄打非”先进。成功承办了江苏省文化和旅游行业首次大规模安全应急演练。

5. 文旅营销体系初步构建，宣传再有爆点

打造新媒体矩阵，浦口文旅“双微一抖”官方政务平台总粉丝量破40万，“文旅浦口”微信公众号成为全省区县同类最大公众号；策划16条主题线路，“四季”品牌营销活动深入人心，4条精品线路首批入选江苏智慧旅游平台；举办老山国际文化旅游节、南京森林音乐狂欢节等54项优质文旅节事活动；# 周末 DOU 来浦口 # 话题全网总浏览量近7亿次；浦口全域旅游攻略大赛总阅读量破2亿次；浦口“都市微度假”营销案例获2020年度国际博鳌旅游奖“年度文旅营销视频奖”、江苏文旅峰会“江苏五大文旅营销事件”。

二、品牌打造——化自然入景观，以文化塑品牌

（一）以书法彰显传统文化——求雨山文化名人馆的文化传承

书法是我国独有的文化，具有鲜明的民族特色，是中华文明的重要象征。浦口自古墨香浓郁，20世纪崛起“当代草圣”林散之，在他的熏陶下，一大批爱好者、追随者、全国各地的书画名流也纷至沓来，书法艺术文化氛围日趋浓厚。1992年至2006年，享誉海内外的当代书画艺术大师林散之、胡小石、高二适、萧娴纪念馆相继建成在南京市浦口区主城风景秀丽的求雨山上，成为国内独具特色的纪念馆群落。纪念馆与江浦渡江英雄纪念碑毗邻，馆舍四周松竹滴翠，竹径引风，登楼远眺，千里长江尽收眼底。“四馆”占地面积60亩，建筑面积5200平方米，文化广场占地面积2.5万平方米，绿化覆盖率达90%以上，馆藏1000余件大师级书画精品，其艺术价值和经济价值不可估量，因而声名大震。

在展厅中，可以看到各种形式、各种风格的优秀书法家作品，书法家们以不同的方式展现着书法艺术之美。这些作品有行书、草书、楷书；有篆书、隶书；有魏碑、汉隶；有榜书等。其中最具特色的当属魏碑。它是由北魏碑刻演变而来，是北魏时期的一种书体，是隶书向楷书过渡时期的产物。这种书体与楷书相比更加具有张力和艺术表现力。

目前，求雨山文化名人馆已成为江苏乃至全国独具特色的文化传统教育和革命传统教育的群体名人纪念馆，是省、市、区文化建设的重要阵地，省、市、区级文明单位，国家AAA级旅游景区，国家三级博物馆，中国书法家协会浦口创作培训基地，江苏省青少年社会实践基地，江苏省书法家协会书法培训基地，南京市对外文化交流基地和文化产业基地，省、市、区爱国主义教育基地，区内大、中、小学文化素质教育基地，区委党校干部培训的现场教学点之一。

作为中外各界人士切磋书艺的理想场所和文化交流的一扇窗口，求雨山文化名人馆正以当代书法圣地的独特地位在国内外产生越来越大的影响。国内外朋友从四面八方接踵而至，在造型各异的馆舍中欣赏研究大师们的力作，寻觅大师们的成长轨迹。

近年来，浦口积极推动文旅融合发展，创办了求雨山文化名人馆“雨山研学”公教项目，着重培养青少年对中华优秀传统文化的学习兴趣，以中国传统书画为主，趣味课程为辅，开展了手绘团扇、书写春联、瓦当拓印等一系列非物质文化遗产体验活动，使博物馆真正成为广大青少年文化活动的重要场所；以书法文化为主题，举办工业设计大赛、文化创意交易会等各类活动，扶持文创产品研发平台，形成了浦口独有的文创产品孵化模式；规划建设了求雨山文化产业园。总体规划中的求雨山文化产业园占地面积1900余亩，将在现有园区基础上把书法文化与生态旅游相结合，高起点规划，高标准建设，精心打造集收藏展示、艺术品交易、教学培训、创作研究、文化交流、旅游休闲等诸功能于一体的中国当代书法高地和文化产业园区。

浦口正不断提升中华书法文化的普及度与影响力，促进区内文化事业的发展与繁荣，秉持文旅融合理念，为建设现代化新浦口提供新引擎、新动力。

（二）以艺术点亮建筑空间——四方艺术湖区的文化追求

南京四方艺术湖区毗邻南京浦口老山国家森林公园的佛手湖畔，前身是“中国南京一国际建筑艺术实践展”。2003年，亚洲建筑大师矶崎新与国内一线建筑师刘家琨作为策展人，邀请了来自15个国家和地区共24位建筑师相聚在南京佛手湖畔。这里的湖光山色宁静且充满灵性，十分有助于建筑师和艺术家开展创作。于是，他们以“重建平衡”为主题，启动了中国国际建筑艺术实践展。湖区内地势高低起伏、地理条件错综复杂，建筑师们通过抽签的方式抽取地块，再根据地块的环境特征来设计作品。湖区内的每一处作品都是坡地建筑的典型，为公众呈现了亚洲乃至全球独一无二的艺术人文景观。这里有2010年获建筑学最高荣誉普利兹克建筑奖的日本知名建筑师妹岛和世的作品，有2012年获此殊荣的中国建筑师王澍的作品“三合宅”，有“后现代运动”代表人物、意大利建筑大师埃塔·索特萨斯的“温泉城堡”，有芬兰建筑师马蒂·沙那克塞那豪设计的“舟泊”等，后现代主义风格、反重力结构的美术馆，极具中国本土文化特征的庭院，蕴含超然世外、归隐山水意境的小楼……风格迥异的20余栋建筑每一座都堪称一部艺术作品，在与山水林木融为一体的同时，展现着不一样的风情、不一样的美。

这样一场建筑界群英荟萃式的"文人雅集"，不仅留下了一段佳话，也吸引了大批艺术家和艺术爱好者。展出正式开幕之后，湖区逐渐成为了众多建筑业内专家以及游客的艺术探索地，也吸引了众多国内外知名媒体的关注。在这里，艺术和建筑和谐共存，来访者不仅能够欣赏当代艺术和建筑空间之美，也能脱离城市喧嚣，冥想沉思，感受到心灵上的满足。

现在，湖区由四方当代美术馆、四方建筑公园和南京四方酒店·傲途格精选三个部分组成。国际顶尖建筑师通过各自的作品，打造出了这样一片集功能性建筑和多种艺术展示空间为一体的建筑生态，并由此得到了"建筑博物馆"的美誉。

步入湖区，来访者最先注意到的往往是四方当代美术馆。它是四方艺术湖区的标杆作品，也是美国当代建筑大师斯蒂文·霍尔在中国的第一个建筑作品。美术馆由平行透视空间的"场域"和竹子制成的黑色混凝土花园墙组成，一个轻质量体悬浮在花园墙之上。其首层为笔直的通道，而上方体量的通道则逐渐转变为蜿蜒的结构，上层的画廊悬浮在高空中沿顺时针方向展开，在到达观赏南京城远景的最佳视角处终止。这是一座典型的后现代主义建筑，反重力的结构新奇大胆。设计充分发掘移动视角、不同空间层次以及广阔薄雾与水域的优势，展现出中国早期绘画深邃交错的神秘空间特色。

矶崎新是日本后现代主义建筑设计师，在国际上被认为是影响世界建筑历史及现实的大师。位于湖区的会议中心便是由矶崎新设计，其灵感源自"隐形建筑"的概念。这座建筑嵌入山谷，体量完全被隐藏在谷地中，在地面仅散落几处立方体，构造于一个椭圆形的构图中。外立面使用的材料除了清水混凝土以外，还有极简主义装置般的耐候钢材料。

王澍是2012年“建筑界的诺贝尔奖”——普利兹克奖的第一位中国获奖建筑师，其建筑具有浓厚的中国文人品质，湖区的“三合宅”便是他的手笔。这座三面围合一面开敞的建筑，引入了“席居”的生活制度。房子与居者同为“梦游者”，空间形态与人的身体做缓慢、沉重、颠簸着的却没有中断的移动。房子中间围着一方浅池，水波、睡者、房子互相荡漾，使人感觉周围的世界也变得温柔起来。

四方艺术湖区承担着浦口区艺术交流和文化展示的重要功能，自2013年以来，湖区先后主办了10余场艺术展览及相关的延伸文化活动。其中既包括巴西画家玛丽娜·佩雷斯·西芒的《观象台》、南美艺术家米利亚姆·卡恩与克劳迪娅·马丁内斯·加拉伊的《灵与景》、美国建筑大师斯蒂文·霍尔在中国首个作品回顾展《斯蒂文·霍尔：建筑创作》等来自世界各地艺术家的作品展，也有毛焰、韩东等南京本地艺术家作品的展出。2021年6月至9月，湖区曾举办了40位国际艺术家群展——《内部的流动：“明日笔记”巡回展Ⅲ》，将全球的多元艺术文化带到了南京市民的家门口。

目前湖区正在积极申报省级对外交流基地，以争取更多国际文化交流的机会。同时，湖区也将加强同南京各大高校的密切联系，与建筑和艺术设计等专业的师生开展研学活动。2022年国庆假期，还开展了一系列面向普通游客的亲子活动，将建筑艺术的魅力带入了寻常百姓家。此外，湖区正在不断探索文旅消费的新模式、新业态。后续将以园区建筑作品为IP，积极探索文旅数字藏品新领域，并逐步推出大师建筑艺术数字藏品。希望可以通过为文旅文博现有IP赋能新的经济价值，以及现有的产品衍生出新的数字价值，持续打响南京四方艺术湖区的品牌知名度、不断擦亮浦口文旅新名片。

（三）以人文升华自然景观——老山国家森林公园的文化营造

老山国家森林公园位于南京市浦口区，横贯浦口境内，素有“南京绿肺”之美誉。老山国家森林公园是江苏省科普教育基地和江苏省环境教育基地，也是江苏境内最大的国家级森林公园。老山系淮阳山脉余脉，横贯浦口，山峦起伏叠嶂，有大小山峰近百座，东西长35千米，南北宽15千米，景区总面积5063公顷，森林覆盖率超过90%。老山的动植物资源非常丰富，动植物种类繁多，动物有200多种，其中鸟类18科164种，最具代表性的鸟类是被誉为“森林卫士”的灰喜鹊，因此老山也是灰喜鹊驯养中心。除此之外老山还有部分保护动物，像中华虎凤蝶、灵猫、牙獐、鹗、穿山甲、河狸、獾等也时有出没。植物种类148科1053种，主要以松类竹类为主。

老山气候温和湿润，四季分明，雨量充沛，土壤肥沃。老山自然景观素以“林、石、泉、洞”四绝著称。自然景观与人文景观融为一体，是一个既有风景名胜，又有山林野趣的旅游胜地。由于地理位置和山形条件优越，使老山国家森林公园成为了生态出游，有氧徒步，体验运动激情的乐园。

老山国家森林公园内有金陵第一鼓、状元广场、七佛寺等人文景点。其中金陵第一鼓是南京地区最重、历史文化内涵最深的大鼓。鼓的高度有1.8米，直径有3米，整个鼓的重量超过1000千克，“韩信点兵，多多益善”的典故便与之相关。在老山国家森林公园内既可以享受大自然的美妙风光，还可以看到众多珍奇的野生动物和奇异的自然景观。老山国家森林公园拥有自然景观资源和人文景观资源两大类共20余处景点，这些景点均分布在老山国家森林公园内，它们各具神韵，各具特色。

老山国家森林公园坚持以“自然—人文—生态”为主导思路，以“回归自然”为设计理念，用艺术将自然景观与人文景观相融合。在设计中，以尊重自然为前提，合理利用自然资源，充分尊重植物的生长习性，从而进行科学的生态设计。在设计中采用了人工造景与自然造景相结合的方式，主要分为两种：一种是根据区域内的地貌特点以及景观特点进行设计，在整个设计中将这些特点发挥到极致；另一种是根据景观资源以及自然景观特点进行设计。

老山国家森林公园大门

老山山脉远眺

三、融合创新——融特色入产业，以产业促发展

（一）响堂桃源谷——乡土文化

响堂桃源谷是一个以传统村落为基础、以生态农业为主导、以休闲旅游为载体、以文化创意产业为延伸的生态农业与特色旅游融合发展的乡村振兴项目。2016年，响堂村获得了“江苏省特色田园乡村”“全国特色景观旅游名村”“中国美丽休闲乡村”等荣誉称号。2018年，响堂桃源谷成为南京首个“江苏十佳网红打卡地”。

响堂桃源谷通过选取“互联网＋”模式，积极运用“互联网＋”思维，利用微信、微博、QQ、抖音等网络平台，精心策划，通过线上线下互动的方式，加大对景区宣传推广的力度，不断扩大景区的知名度和影响力。通过在网上发布景区动态和视频，分享景区活动和体验活动的精彩瞬间，同时通过微博、微信、抖音等新媒体平台的广泛传播，使响堂桃源谷在短时间内迅速成为热点话题和网红景点。

响堂村

桃源谷春景

（二）西埂莲乡——廉政文化

西埂莲乡是永宁街道联合社区从2012年开始，以万亩莲藕种植为支撑，按照特色旅游农业发展思路，打造的集休闲观光、农事体验、农家乐餐饮于一体的农业乡村游基地。2015年，浦口交通集团对“西埂莲乡”美丽乡村示范点提升建设，项目规划面积9000亩，其中核心区2000亩。新荷博园占地125亩，中央荷塘500亩，扩充荷花与睡莲的品种至200种；生产研发基地项目占地161亩，工程的完工建立健全了品种资源库，丰富了相应类目；新增冷库，控制花期，使得反季节荷花展的举办成为可能；建立实验室，极大地加强了“产学研”相结合的力度。其中，荷博园已引入600余个荷花品种和200余个睡莲品种，成为华东地区规模最大的精品莲荷观赏及科研科普基地。

将特色发展成产业是西埂莲乡的发展关键词，西埂莲乡是国内从事荷花栽培和育种资源较多的单位之一，于2017年便开始大力进行莲资源系统收集、保存、交换及利用，现已有近600个特色荷花品种和200多个精品睡莲品种。当前，园区内拥有500余个荷花及睡莲的池塘，还分布着1万余个盆栽荷花。通过连续几年的人工定向杂交及选育工作，积累了大量在花型、花色等观赏性状上各有特色的杂交后代，为今后新品种选育提供源源不断的优质资源，这也标志着西埂莲乡荷花睡莲种质资源成功转化成可利用的新品种选育资源。2020年西埂莲乡在生产基地8区建立了荷花种质资源圃，区域内均为1米 ×1米 ×1米的方形塑料盒，一盒一品种，共计保存了新老品种569个。

近年来，西埂莲乡在发挥休闲旅游功能的同时，还将一系列廉政文化元素融入其中，在春风化雨的环境里向游人们传递了清风正气。走入景区，不少游客第一站会前往荷博园。游人来到此处观景，除了婀娜的荷花让人倾倒，也少不了体悟点缀其间的廉政小品，不经意间将“廉”字放进心中。在荷博园旁，景区倾力打造了莲文化馆。该馆是集科普、廉政文化、产品展示为一体的综合性展览馆，馆内不仅展示了荷花的前世今生、民间传说、民俗文化、特色品种、价值应用等多种趣味知识，还可以通过观看警示片、听取讲解说明、学习家风家训等形式感受清正廉洁的浓厚氛围。藕遇空间是个充满文艺气息的地方，这里主打的是设计插花、品茗、阅读等净心课程，并且创新地将学习教育与廉政文化有机结合，强化现场教学、实境体验，增强互动性，将荷花美好的理想人格不断传承。景区内廉政元素还有很多，廉政墙、廉政步道等在西埂莲乡随处可见。置身于此，一条条廉政格言、一句句廉洁警示，都在潜移默化中以润物无声的方式传播着廉政文化。有了硬件基础，景区坚持在软实力上做文章，持续开展各类活动，并将廉政内涵融入其中进行宣传。立足于现有资源，西埂莲乡景区已成功举办“廉洁同心 你我同行”健康徒步走、“学党史 种莲洁”等一系列党建活动。

西埂莲乡

（三）汤泉旅游度假区——温泉文化

1500多年前，《南史》曾记下南朝宋孝武帝的一次游幸，“宋主如尉氏观温泉”。此“温泉”，位于现浦口区汤泉街道。几十年后，梁昭明太子萧统来这里读书，亦常濯足沐浴于温泉。千年以来，宋之王安石、秦观，明之朱元璋，今之林散之，无不流连于此。

如今，汤泉的温泉依然涌动不休。凭借这久负盛名的“长江古水第一汤”，以及优越的地理位置——毗邻南京两大“绿肺”之一的老山国家森林公园、优美的自然环境——拥有水质清澈的百亩九龙湖、悠久的历史文化——以千年古刹古惠济寺和千年古银杏树为代表，汤泉成为全国首批、全省首个“中国温泉之乡”。依托“真山真水真温泉、古镇古寺古银杏”这样得天独厚的资源，2014年11月，在汤泉街道成立了汤泉旅游度假区，规划总面积为19.81平方千米。2020年6月，被评为省级旅游度假区。

度假区内温泉资源丰富，现有天然温泉15处，含43种微量元素和矿物质，获多家国际专业机构水质认证，多次荣获金汤奖。冷泉9处，达到天然优质饮用水标准。自然环境优美，森林覆盖率超过80%，滁河风光带、绍兴圩生态湿地水系交错。旅游资源丰富，现有4A级景区云幽谷旅游区、省四星级乡村旅游区楚韵花香，3家省级传统村落，惠济寺公园、九龙湖亲水公园等核心景区景点，天泉路、木兰路等景观风景道。拥有大吉度假村、云栖林舍等度假酒店以及一院香泉、沐野一集等特色精品民宿。

2023年3月，浦口文旅集团在度假区内打造了首家自营民宿——楚韵花香温泉民宿村。楚韵花香温泉民宿村占地面积约2600平方米，环境幽静，风景秀丽，共有4栋民宿，16间客房，房型包含标间、大床房、亲子房。项目以温泉疗养为特色，装修风格上着重体现温泉文化、书法文化。依托温泉文化，打造了室外露天温泉泡池、室内温泉汤池、酒店休闲区以及综合娱乐区等，可供游客游览休闲，感受“汤之文化”；利用闲置的瓦殿庙遗址、古井、古桥等资源，打造了“瓦殿遗址公园”；结合当地民俗文化，开发建设了“民俗文化展示馆”，包括民间花会、民俗演艺、乡土美食等特色项目，可供游客感受“花之文化”，让地方文化特色得到充分展示。

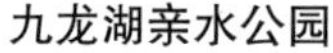

九龙湖亲水公园

楚韵花香温泉民宿村

四、文化共享——建平台入万家，以服务创事业

（一）浦口区图书馆等公共文化场所的建设

浦口区图书馆在建馆初期，就以“服务大众”为办馆理念，制定了“立足浦口、辐射周边”的发展思路，“读者为本、服务至上”是

浦口区图书馆的服务宗旨，坚持以读者为中心，努力营造一个良好的阅读氛围，提升读者的阅读体验。图书馆总建筑面积9600平方米，总藏书15万册，设有7个借阅区、2个电子阅览室和2个自习室。拥有国家一级图书馆标准的设备设施和人性化的服务环境，为读者提供一个集学习、休闲、交流于一体的多功能、现代化、综合性公共图书馆。2012年10月，新馆投入使用，经过近两年的努力，馆内各项设施设备全部到位。

浦口区图书馆新馆开馆后，进一步完善了数字图书馆系统，使图书馆成为一个“网上图书超市”，并以此为平台，为广大市民提供各种公共文化服务，实现“让信息多跑路、让读者少跑腿”，真正体现了“读者为本、服务至上”的办馆理念。浦口区图书馆新馆的建成和开放，极大地改善了浦口区图书馆事业的硬件设施建设和服务条件，使之成为广大读者学习、交流、休闲和享受精神文化生活的理想场所。

（二）“文化浦口云”等智慧文化平台的建设

为了解决浦口区公共文化服务中市民获取服务信息渠道不畅，提供服务内容与群众需求不匹配和场馆闲置未得到充分利用等问题，2016年，浦口联合上海创图打造了“文化浦口云”，通过“云”的方式集聚整合全区资源，打通线上线下活动预约、场馆预定渠道。2019年，原文化、旅游、体育三局合并后，为解决文化旅游体育表面化融合问题，2020年10月建成并于2021年1月投入使用“文旅浦口云”，用互联网手段推进文旅体功能化融合。目前，平台已升级至三期，自平台上线以来，总用户达40多万，访问量达300万次，每年发布活动500余场，场馆预约480多次，曾以全国第三、江苏第一的成绩入选全国公共文化数字化基层试点项目，获得江苏省公共文化改革创新成果奖。

2021年，“文旅浦口云”入选全国县级文化和旅游新媒体传播力指数TOP10、江苏省2021年度智慧文旅示范项目。

“文化浦口云”平台作为一种全新的智慧化公共文化服务方式，一是打破公共服务资源壁垒。全面整合文化、旅游、体育资源，将活动预约、场馆预订、旅游节庆、体育赛事等资讯汇集在网络共享平台上，用户可一键查询、线上预约。同时，依托文旅浦口微信载体，将“文旅浦口云”嵌入其中，并且链接国家公共文化云平台和全区智慧旅游大数据系统，扩大资源覆盖面。拥有微信H5、网页版、文化场馆自助终端三种载体，拓宽用户信息接收渠道。热门活动上座率100%，曾出现1分钟内300人同时抢票、3分钟内7000人抢座的火爆情况。二是打开文旅体融合新模式。在融合创新的背景下，重视服务创新，打造附加值高的公共数字文化服务，不断促进公共数字文化服务的有效供给。进一步深化资源整合，构建集图书资料、非物质文化遗产传承、运动健身、旅游景点等于一体的立体式数字化资源服务，让用户在平台上不仅能享受景点推送、景区文化介绍、旅游节庆活动等旅游资讯，还能进行文体培训、阅读晓史、鉴赏艺术等，从而满足用户日益增长的文旅体服务需求。三是打响平台推广应用实效。充分借助新媒体传播速度快、辐射面广的优势，以微信公众号、抖音短视频、朋友圈精准推送等体验式的传播形式呈现。坚持每周发布4～5条原创微信，相继推出航拍浦口、奇迹浦口、乡村旅游看浦口等新内容，文章平均阅读量达2000+，视频平均浏览量达2万+，重点选题被市级以上载体转载率达80%。举办短视频挑战赛，#周末DOU来浦口#的话题挑战赛点击量破4.5亿次，攻略大赛阅读量破2亿次，全网总浏览量近7亿次，话题#遇见老山遇见你#推出仅一个月点击量破200万次。

“文化浦口云”平台实现了浦口公共文化资源的汇聚整合，并通过大数据分析进行精细化管理，打造全区一张网的公共文化服务体系，实现“让群众少跑腿、让信息多跑路”，实现文化惠民活动常态化、智慧化、便捷化。

（三）新时代文明实践所的建设

浦口共有1个实践中心、5个实践所、76个实践站，实现了新时代文明实践中心（所、站）建设全面覆盖，同时充分发挥美丽乡村点、公共文化设施、爱国主义教育基地等阵地资源，命名两批新时代文明实践基地和实践点，构筑五级阵地网络；每个所、站设置1~2个专兼职志愿者，以群众需求为导向，从理论宣讲、文化服务、教育服务、科技科普、健康促进等方面组织开展灵活多样的志愿服务活动，结合各级文明单位、农家书屋、党员活动室等阵地，对各级新时代文明实践中心（所、站）进行资源链接；星甸街道全国首创新时代文明实践小镇建设，扎实推进文明实践18条实训线路及60个实训点的打造，靶向设立、实施小镇志愿服务项目220个。截至目前，全区共招募文明实践志愿者10多万人，成立志愿者队伍1000余支，设置志愿服务项目1000余个，平均每年开展活动近8000场，服务群众达40多万人次。

在队伍建设上，组建了由志愿服务总队—支队—大队—分队—特色队构成的文明实践志愿服务纵向主干网络，充分动员社区（村）退休干部、退休教师、退休职工、退休医生、退休社区“两委”班子成员、老党员、老先进等群体参与志愿服务活动，依托退休老党员、老乡贤等本土资源，吸纳在宁高校、企业、返乡创业者等加入，精心设计服务项目及活动，做到“你点单、我服务”，成立提供课外辅导、技能培训、心理咨询、生活护理等各类志愿服务队。党政部门、企事业单位结合各自工作职能，组建志愿服务队，涌现了民情收发室、“蒲公英”、“浦言朴语”等一批独具特色的新时代文明实践品牌；围绕建设理论宣讲、教育服务、文化服务、科技与科普服务、健康体育服务五大实践平台，每个实践中心（所、站）每周开展相关主题活动不少于2场。中心还时常围绕相关工作重点，邀请上级部门或专业人员，组织街道、社区单位志愿服务项目负责人及志愿者骨干代表等开展提质增能培训活动。

第三节

浦口文化建设面临的困境和挑战

浦口作为南京历史文化名城核心区和国家级江北新区核心功能区建设区域，承担着南京城市国际化的重要功能和南京向江北新区拓展的重要使命。近年来，浦口在文化建设方面做了大量工作和努力，取得了一些成绩。但目前浦口文化建设总体上还处于探索阶段，文化建设还需要进一步完善与创新。此外，浦口文化建设过程中还存在着一些挑战，如传统文化与现代文化的矛盾、文化产品和服务的供需矛盾、公共文化资源的供给与需求之间的矛盾、公共文化服务的发展与创新之间的矛盾等，都是阻碍浦口文化建设发展的“瓶颈”。从浦口居民对文化建设的态度来看，居民总体上持有比较积极的态度，但是与“非常满意”仍有一定差距。

一、传统文化记录易、继承难

随着社会经济的发展、人民生活水平的提高，人们对物质文化生活的需求不断提高。然而，在传统文化与现代社会生活碰撞的过程中，人们对传统文化的关注度不断下降。在一些农村地区，由于受到资金投入不足、政策宣传不到位等因素的影响，大多数群众并不关注传统文化。从总体上看，浦口传统文化保护与继承工作还存在较大发展空间。基层文化工作者对传统文化保护工作要进一步加强认识，进一步创新工作思路，逐步加强对传统文化的继承与发扬。

（一）传统文化传承保护面临的困境

浦口尚有大量非物质文化遗产面临传承难题，很多传统文化已处于濒临灭绝的状态。一些传统技艺，其传承人已到暮年，后继乏人；还有一些传统手艺，至今仍以家庭传承为主，尚未形成规范的社会职业传承机制。此外，一些基层部门在开展传统文化保护工作时，往往只注重组织力量保护现有文化遗址，而忽视了对传统文化进行深入挖掘和推广；一些基层工作者在开展传统文化保护工作时，往往更注重物质层面的保护，容易忽视精神层面的传承与发展。

（二）传统文化传播方式较为单一

传统文化的传播主要依赖于口头传播，而口头传播又以口口相传为主。在过去，农村地区群众更喜欢通过听戏、看戏的方式来了解和欣赏传统文化；而在现代社会中，电视、网络等媒体的快速发展，为传统文化的传播提供了新途径。然而，随着人们生活节奏加快、工作压力加大以及碎片化阅读习惯的形成，越来越多的人被快消文化所吸引，对传统文化的兴趣降低了。

（三）传统文化现代文明融合不够

虽然近年来浦口在推动城乡一体化建设中一直强调“文化融入”和“文化融合”，但在具体实践过程中仍存在着诸多问题：一是随着城市化进程中农村人口不断向城市转移，农村地区留守人群对传统文化缺乏认同感；二是随着农村基础设施建设不断完善，传统文化保护方面投入则相对不足；三是随着农业产业结构调整步伐的加快，大量青壮年劳动力外出务工、经商，导致传统文化传承出现断层。

二、文旅融合点上火、面上薄

浦口文旅融合工作点上火、面上薄，文旅产业融合发展“1+1>2”的融合效应不显著，文化与旅游的结合中“产业融合”层次不深，文化产业与旅游产业之间相互支撑、相互促进、共同发展的机制有待进一步完善。

（一）文化与旅游产业融合度有待加深

文化与旅游产业融合不够紧密，相互支撑、共同发展的机制亟待加强。浦口已经形成一些具有鲜明特色的文化旅游产品，但是在全区层面上，文化旅游产品体系尚有待加强，需要进一步打造能够代表浦口形象、具有较强影响力的区域文旅品牌产品，要能对浦口历史文化和人文风情形成系统的整合传播，争取更大限度发挥文旅融合发展的规模效应。同时，在政策保证机制上，要不断完善政策扶持、资金支持和引导方面的政策，促使相关部门之间在文化产业发展规划、招商引资、项目审批等方面更有效衔接，增强浦口文化旅游产业发展动力。

（二）文旅融合发展整体规划有待加强

浦口各景区景点之间联系和整合不强，旅游与其他产业之间的衔接方式单一。在浦口文化旅游产业规划出台的背景下，各部门都要有全区一盘棋的大局思想，有效协调文旅资源之间的系统性、整体性、互补性，避免出现“各自为政”“各自为战”的现象，形成相互支撑、共同发展的机制。浦口大部分景区是自然风光型，要注重挖掘人文历史特色，结合文化艺术发展，创新文化产品赋予文化内涵，要特别注重与市内不同区域、区内不同景区景点之间的差异化发展，避免产业布局同质化，形成更具吸引力和竞争力的旅游产品。

（三）文旅产业要素均衡发展有待加快

浦口文旅资源丰富，近年来旅游景区景点的数量、规模、质量都得到进一步提升，旅游交通、住宿、餐饮等配套公共服务设施建设也发展迅速，吃住行游四要素的发展基本做到了业态全面、档次齐全，游客停留时间在不断加长，旅游目的地体验感持续增强。但与文旅产业发达地区相比，浦口文旅要素仍然存在不均衡发展的现象，购物、娱乐两要素呈现零星点状发展态势，尚未形成以点带面的集聚效应。

三、文化产品起步晚、影响小

浦口文化产品打造虽然起步较晚，但发展势头很快。从产品形态来看，“文化+”的业态主要表现在“温泉”“红色”“书法”等方面，尤其是文创领域的发展潜力较大，但品牌度不够响亮，尚未形成一批在全省乃至全国有一定影响力的文创产品。

（一）文化创意企业起步较晚

浦口文化创意企业以传统文化类为主，企业规模较小、层次偏低、竞争力不强。据调查，浦口文化创意产业法人单位主要集中在影视传媒、广播影视、出版发行等传统文化领域，以影视传媒类企业居多。2019年，浦口文化创意产业法人单位有32家，其中从事电影放映的企业仅有2家。同时，文化创意产业法人单位主要分布在浦口老城区，而现代文化产业主要分布在江北新区。浦口文化创意产业法人单位中从事新闻出版的企业有7家，而从事广播影视的企业仅有2家，文化产品和服务仅有1家。

（二）文化产业集聚程度不高

浦口文化创意企业的整体实力较弱，缺少规模化的大型创意企业支撑，也没有叫得响的地区文化品牌，现有的文化产业项目各自“占山为王”，相互之间的协同交流有待加强，集聚优势没有得到充分开发。江北设计小镇、求雨山文创园等项目尚处于起步阶段，项目发展受到来自政策、规划、资金等多方面的制约限制，且缺少文化创意、文化科技等新兴龙头企业和标杆项目，项目拉动性、辐射能力不强。

（三）行业缺乏龙头企业支撑

浦口文化创意企业大多数规模小、投资少、缺少科技创新手段和营销渠道，缺乏真正意义上的龙头企业，没有形成在全省乃至全国有一定影响力的文化企业品牌。目前，浦口只有一家南京新文旅“独角兽”企业——文远知行公司。另外，文化企业数量较少。据统计，2019年浦口文化产业法人单位数量仅为378家，这样的规模和体量显然不能满足浦口经济发展的需求。

四、文化传播范围窄、品牌弱

浦口的文化传播主要停留在社区层面，以社区、街道和乡镇为单位，主要依托于政府主导的文化活动，而公共文化服务的覆盖面还未做到城乡均等，与居民群众日益增长的文化需求不相适应。

（一）文化活动内容有待丰富

从文化活动开展情况来看，在供给结构上，以政府主导的文化活动为主，市场参与度不够，且活动内容大多以文艺演出为主，体育休闲类新兴文化产品占比相对较小；在需求结构上，居民对于公共文化服务的更新度、多样性、内容创新性的要求不断提升，这就使得当前文化发展与居民日益增长的精神文化需求仍然存在差距。

（二）品牌创建意识有待提升

在品牌建设方面，浦口文化产业发展时间短，产业结构仍然有待完善。浦口缺少创建知名品牌、打造“百年老店”的规划和行动，具备地区代表性的文化品牌较少，已形成的求雨山书法文化品牌的内涵挖掘、宣传力度和承载空间打造力度不够，品牌影响力相对薄弱。各个街道虽然根据当地的地理位置、历史文化、民风民俗、人文景观等特色资源，确定了具有当地特色的文化品牌，相关品牌创建工作也已经开展起来，但品牌影响力还没有形成。例如，浦口的手狮舞，作为浦口本地的民间舞蹈形式，具有一定的业内知名度，但距形成经典文化品牌还有一定距离。汤泉的温泉水质优良、文化传统悠久，然而多年来都无法赶超同城江宁地区的温泉影响力，殊为遗憾。

（三）文化传播范围有待扩展

从群众文化活动的传播范围来看，主要集中在城市社区和一些街道人群聚集地，而在乡村还没有形成较大规模的群众文艺团队。从龙头企业的传播引领作用来看，浦口文化企业规模小、实力弱，缺少优质龙头企业领路领航，规模效益和集聚优势难以发挥，文化宣传增加了难度。从传播内容与形式上看，主要集中于歌舞表演、广场民俗表演、春节“闹新春”、社区文艺汇演，传播渠道比较单一。面对人工智能技术带来的机遇与挑战，基层群众文体活动的传播定位造成其专业度低，审美个体差异及智媒技术的过度使用造成其认知度低，在一定程度上影响了文化传播范围的拓展。

第四节

浦口文化建设融合高质量发展的路径优化

文化是一个民族的血脉，是一个国家的精神家园。在全面建设社会主义现代化国家、向第二个百年奋斗目标进军的新征程上，坚持以中国式现代化全面推进中华民族伟大复兴，必须坚定文化自信，推动社会主义文化繁荣兴盛。党的二十大报告提出“以中国式现代化全面推进中华民族伟大复兴”，这是我们党向世界发出的伟大号召，是一个科学完整、逻辑严密的战略部署和工作安排，也是我们党团结带领全国各族人民在新时代新征程中踔厉奋发、勇毅前行的行动指南。习近平总书记关于文化建设的重要论述，为我们加强和改进新时代文化建设指明了方向、提供了遵循。

浦口坚持以习近平新时代中国特色社会主义思想为指导，全面贯彻党的二十大精神，深入贯彻习近平总书记关于文化建设的重要论述和指示批示精神，以及省、市相关要求部署，围绕“现代化新浦口”总体定位，立足新发展阶段，完整准确全面贯彻新发展理念，服务构建新发展格局。

一、强化顶层设计，着力平台支撑

浦口文化资源丰富，历史传承悠久，在高质量发展过程中，要从区域整体大局出发，充分调动各部门联动，共同构建文化发展合力，协同解决发展困境。

（一）明确“十四五”规划

“十三五”期间，浦口以高度的政治自觉和强烈的使命担当，推动经济社会高质量发展取得显著成效。“十四五”时期，浦口将继续坚定文化自信，坚持以社会主义核心价值观为引领，全面加强文化建设，加快构筑“一核一廊两带”的文化发展格局。

一核：指浦口文化发展核心。以“文化产业”为主导，以“文化+”为特色，构建具有浦口特色的现代文化产业体系。一廊：指以“生态绿廊”为依托的生态文明建设走廊。以长江生态廊道和扬子江生态文明创新中心为重点，持续推进沿江环境综合整治，塑造浦口城市品牌形象。两带：指以“人文金陵”为轴线的历史文化传承带和以“健康活力”为主题的活力休闲带。加强对历史文化遗产、文物保护、非物质文化遗产的传承和保护，加强对文化旅游资源的整合开发，加快构建以江北新区核心区、南京滨江商务区、南京南站商务区、老山生态旅游区为重点的文旅休闲带。新时期，浦口将坚持把社会效益放在首位、社会效益和经济效益相统一，充分发挥文化资源优势，深化文化体制改革，提升公共文化服务水平，加快构建现代公共文化服务体系，大力发展文化产业，持续打造“文化浦口”品牌。到2025年，全区基本建成现代化、国际化、创新型滨江文化城区，形成特色鲜明、功能齐全的现代公共文化服务体系。

（二）制定战略发展目标

一是大力推动文化产业高质量发展。聚焦打造“千亿级产业集群”和建设“大健康产业高地”，加快培育数字经济、智慧金融、在线教育等新兴业态。加强文化领域招商，着力引进一批重大文化项目和企业，积极培育新型文化业态。加快培育“数字创意”“音乐演艺”等新兴产业集群，打造具有较强竞争力和影响力的特色文化产业集聚区。二是打造更高水平的公共文化服务体系。加快推进公共文化服务设施建设，到2025年基本建成覆盖城乡、布局合理、功能完备、便捷高效的现代公共文化服务体系。健全完善公共图书馆、文化馆、美术馆等公共文化设施，支持浦口区图书馆实现智慧借阅系统全覆盖；发挥基层综合性文体中心作用，支持街道（社区）综合文化站升级改造；加快完善区级文化馆、图书馆分馆和各镇街文化站、社区（村）综合性文体中心功能；推进城乡“五馆一院”联动融合发展。三是持续提升城乡群众精神生活品质。深入实施全民阅读行动，扎实开展“书香浦口”建设，推动“书香浦口”建设纳入各级政府绩效考核范围；构建以区图书馆为中心、镇街分馆为支撑的基层公共阅读网络体系，深入推进“书香浦口”全民阅读工程；全面推进公共数字文化工程，丰富公共文化服务产品供给，推动数字资源共建共享。四是持续打造城市文化品牌。挖掘提炼“老浦口人”“老浦口情”等特色文化资源，深挖红色文化、人文历史、乡土风情等文化内涵，提炼和塑造一批有影响力的文化品牌，加快推进老山自然资源博物馆，集科普教育、文化体验等功能于一体的研学基地等重大项目建设。整合资源、集成要素，进一步挖掘和保护老浦口文化遗产资源，不断提升老浦口文化影响力。鼓励民间艺人和非物质文化遗产传承人积极参与文艺创作，支持各类文艺院团创作生产更多接地气、有温度的文艺作品。五是不断提升城市文明程度。持续推进全国文明城市创建工作，围绕巩固提升文明城市创建成果，扎实推进新时代文明实践中心建设。积极培育和践行社会主义核心价值观，持续加强家庭家教家风建设，持续开展“文明家庭”“新时代好少年”“最美家庭”等先进典型评选，弘扬中华传统美德，厚植道德沃土，大力弘扬劳动精神、奋斗精神、奉献精神、创造精神、勤俭节约精神。六是大力推进文化事业繁荣发展。强化政府文化投入保障作用，健全基本公共文化服务保障体系。积极探索政府购买公共文化服务的有效途径和方式，不断增强基层公共文化服务能力。完善公共数字文化设施运行管理机制，加快推进“四馆一院”等文化场馆数字化改造和智慧图书馆、数字文化馆建设。

（三）创建多元服务平台

运用“政府主导＋企业运营＋市场运作＋多元投入”的方式，合理运用大数据、物联网技术等技术手段，创建多种公共服务平台，为文化产业发展提供“线下＋线上”的服务模式。一是搭建技术创新平台，坚持把技术创新作为推进浦口文化产业发展的核心。采用政府牵头、企业界和学术界广泛参与的方式，重点扶持技术创新能力强、辐射范围广的大企业、大项目建立关键技术研发中心、服务中心和产品检测检验中心，促进新技术的广泛应用和成果共享。二是整合产业融资平台，拓宽投资渠道。逐步建立和完善文化产业发展投融资体系，建立银行和企业联合会议制度，打造文化产业投资基金，搭建文化企业与银行之间合作平台，增强信息交流，解决文化企业的融资难问题。三是建立企业转型平台，建设中小企业创业孵化基地，对国有厂房、人员等资源进行更新升级，降低创业成本和创业风险，提高创业成功率。四是打造区域合作平台，树立“大市场、大作为”的观念，了解、收集国家市场信息，利用各种经贸洽谈会平台，积极开展与国内外文化企业的交流与合作，制定本土企业和产品的外向推广计划，支持、鼓励文化企业实施“走出去”“请进来”的战略。以长三角区域经济一体化为平台，开展文化产业的跨区域深层次合作，推动生产要素的跨地区高效流动和资源的优化整合。

二、挖掘传统文化，激发文化自信

中国文化源远流长，中华文明博大精深。只有全面深入了解中华文明的历史，才能更有效地推动中华优秀传统文化创造性转化、创新性发展，更有力地推进中国特色社会主义文化建设，建设中华民族现代文明。

浦口要注重对中华优秀传统文化资源的挖掘和整理工作，加强对历史悠久的地方历史进行系统挖掘和整理，梳理出有代表性的人文历史事件和有地方特色的民间传说、故事，进行深入细致的分析研究。充分利用浦口历史悠久、文化底蕴深厚的优势，将文化自信的种子深深植根于浦口人民心中，凝聚起强大的精神力量，激发广大干部群众文化自信。在充分挖掘、整理的基础上，用现代艺术表现形式对浦口文化资源进行包装、宣传和推广，推动传统文化与现代艺术相融合，打造传统与现代相交融的新载体，展示浦口传统文化魅力。创新宣传方式，通过各类媒体、网络等平台，通过多种途径展现浦口历史悠久、人文荟萃、底蕴深厚的地域文化特色。

（一）注重传统文化资源的挖掘和传播

要加强对浦口历史悠久、人文荟萃、底蕴深厚的文化资源的挖掘，对浦口文化遗产资源进行系统调查和摸底，建立完善的文化遗产资源库，尤其是对一些有代表性的历史事件和故事要进行深入细致的分析研究。一是有针对性地抓住重点。风景秀丽的老山国家森林公园，是浦口最鲜明璀璨的一张文化名片，要进一步将其内化为区域文化创意产业差异化发展重要的文化符号和文化气质。江苏省书协培训基地、主办“中国书法金陵论坛”的求雨山文化园是浦口最珍贵而又必须打好的一张文化牌，先后建成了林散之、胡小石、高二适、萧娴等四位书画艺术大师纪念馆，馆藏“四大家”书画珍品千余件。二是充分发挥“文明城市”创建活动的平台作用，利用南京市文明典范城市创建活动，大力宣传浦口优秀传统文化资源。利用大型文化活动平台，通过举办各种形式的交流活动，将浦口优秀传统文化传播到世界各地。三是要加大对浦口传统文化资源的保护和利用力度，在城市建设过程中保护和利用好浦口传统建筑、历史文物等人文资源；要加强对浦口传统民俗风情和文化遗产的保护，充分发挥浦口环老山片区、珍珠泉风景区等文旅资源优势，打造具有特色的旅游线路；要注重浦口传统艺术表演队伍建设和传承活动开展，积极组织开展浦口优秀传统技艺竞赛等活动，不断推动传统文化的传承与发展。

（二）注重现代艺术手段的融合和开发

充分利用现代艺术手段，对浦口文化资源进行包装，打造具有浦口特色的文化产品。浦口升级传统文化产业，应当以求雨山书法文化为灵魂，以创新创意为核心，以信息技术手段为支持，以年轻群体为主要受众，以动画、漫画、游戏等为表现形式，依托求雨山文化创意产业园、高新区工业设计园，开发、生产、出版、播出、演出和销售包含书法元素、古风元素的动漫游戏产品，发展与动漫形象有关的服装、玩具等衍生产品生产和经营产业。一是搭建求雨山书法动漫馆，通过电竞、动漫等新兴产业的引入，丰富书法文化表现形式，短期内初步培育和完善浦口高新区动漫游戏产业链。研发创作以求雨山书法、名人为文化载体的动漫形象，以古风元素作为核心基调，开发动漫游戏形象相关衍生产品，包括图书期刊、音像制品、儿童玩具、少儿时装、学生文具、日用商品、娱乐设施、网络游戏等适宜青少年成长的以书画为题材的动漫游戏文化产品。二是建设求雨山书法研习基地和书法工艺品交易中心。坚持线上与线下相结合，以原创字画及复制艺术品加工为主，附带有工艺、雕刻及画框、颜料等配套产业的经营，形成了以书法艺术交易中心为核心的，辐射整个南京市的集书画创作、装裱、篆刻等于一体的书法市场，是集书法展销、学术交流、书画联谊活动、收藏等功能于一体的书法艺术集散地。三是定期举办求雨山书法嘉年华、古风主题网络电影节等标志性活动。结合浦口高新区求雨山书法、名人等历史文化资源，为每届书法嘉年华或电影节活动设置响亮的口号与主题。在南京市各大高校进行宣传或开展长期合作，鼓励小、中、大学各年龄段的学生参与，以邀请知名书法大师作为活动卖点，吸引一批书法爱好者、专业书法从业者常驻活动。活动的开展采取线上和线下相结合的方式，现场进行书法、绘画等才艺展示，线上开展书法鉴赏点评活动，整个活动过程同步在爱奇艺、BiliBili、抖音等各大平台进行直播。

（三）注重浦口非物质文化遗产项目的保护和传承

积极培育和发展非物质文化遗产产业集群和产业基地，依托浦口现有非物质文化遗产资源优势，通过“非物质文化遗产 +”等模式让非物质文化遗产“活”起来，打造“非物质文化遗产 + 创意设计”“非物质文化遗产 + 生态农业”“非物质文化遗产 + 休闲旅游”等发展模式。一要积极培育非物质文化遗产生产性保护示范基地，并加大扶持力度，将非物质文化遗产生产性保护示范基地打造成集非物质文化遗产传承、展示、体验于一体的综合性平台；要积极促进浦口非物质文化遗产与影视、动漫、演艺等产业的深度融合；要进一步加强对浦口传统技艺、民间艺术和民俗风情的保护；要充分利用浦口传统工艺优势和“浦口老街”等历史人文资源优势，积极推动传统工艺产品开发；要加强对浦口手狮舞等非物质文化遗产的宣传报道工作，积极开展非物质文化遗产进校园活动；要加强对传统曲艺类地方戏曲的保护和传承，推动传统戏剧等民间艺术的发展。二要以“文化＋科技”为核心，大力发展互联网文化产业，加快建设数字文化馆、数字图书馆；要积极推进“非物质文化遗产进景区”，打造“非物质文化遗产＋旅游”产品，实现非物质文化遗产项目与旅游产业融合发展；要发挥浦口非物质文化遗产名录和国家级、省级、市级非物质文化遗产代表性项目名录的作用，加强非物质文化遗产传承人队伍建设，加大对传统工艺项目的传承力度；要加强浦口非物质文化遗产研究工作，完善浦口非物质文化遗产数据库建设，并建立浦口非物质文化遗产保护传承基金。

三、深化文旅融合，推动产业升级

文化和旅游融合发展，不仅能够促进文化的传播与交流，更能够满足人民群众日益增长的精神文化需求，对实现经济社会协调发展具有重要作用。浦口要以文化建设为先导，推动文化产业与旅游业融合发展，促进产业结构调整和转型升级。以文化为先导，不断深化产业融合发展，促进文化与旅游产业相互融合。加快推进文旅产业深度融合，以文化旅游为核心，创新融合发展模式，延伸文化产业链条，促进文旅产业一体化、综合化和特色化发展。

（一）打造文化特色品牌，推动文旅产业深度融合

要深度挖掘历史文化遗产，加大浦口历史文化资源的开发利用力度，积极打造具有浦口魅力的地方文化特色品牌，深入推进文化与旅游产业融合发展，提升文旅产品品质和服务质量。一是大力发展旅游业，将浦口打造成旅游目的地和旅游集散中心；完善配套服务设施，提高旅游接待能力；开发地方特色产品，提供相应的服务和娱乐活动。二是积极推动浦口文化旅游与现代科技的深度融合，加快培育新型文化业态。以文旅产业融合发展为引领，以传统文化的活化传承为核心，以“互联网+”为手段，积极创新文化旅游发展模式，开发一批具有浦口特色的旅游产品和旅游线路，推动浦口文化旅游与科技融合发展。整合浦口传统文化、红色文化、民俗文化等资源，挖掘优秀传统文化在旅游活动中的价值；发挥现代科技在文旅产业融合发展中的作用，通过数字技术、人工智能等新一代信息技术与文旅产业深度融合，构建“智慧文旅”体系。三是创新旅游发展模式，推动传统旅游业与新兴旅游业的融合发展；开发新型文化旅游产品和服务，将传统文化资源与现代文化创意结合起来，打造出更多具有文化特色和符合游客需求的新型文化旅游产品，形成新型的旅游消费业态；促进文旅产业与相关产业深度融合，充分发挥文化创意在发展文旅产业中的重要作用；加强智慧文旅建设，利用新一代信息技术对传统的文化资源进行深度开发和利用，通过数字化手段提升浦口文化旅游行业整体服务水平。

（二）注重深度沉浸体验，促进农旅产业提质增效

农业与文化旅游相结合的创新发展模式符合新媒体时代下农业现代化、服务化的新要求，是彰显人与自然和谐相处、促进农业生产与

旅游观光相得益彰、构建新型城乡工农关系的重要示范性探索。一是大力发展文化体验类产品，开发具有历史传统特色和地域风情的旅游产品，创新沉浸体验式旅游模式。根据不同类型游客的需求，提供多种旅游线路和游览方式，设计出适合不同游客需要的个性化旅游产品。发挥浦口生态环境优势，将生态休闲与观光、民俗体验与生态养生相结合；依托浦口特色历史资源和旅游资源优势开发一批民俗风情游、乡村休闲游、休闲度假游等主题类线路。二是依托浦口现有的楚韵花香、西埂莲乡等乡村资源，老山“十里画廊”等旅游景区的自然资源，以及南京国家现代农业产业科技创新示范园区，打造集生态旅游、生态保护、文化旅游、农产消费于一体的生态农业旅游区。一方面，全力打造优质粮油、应时鲜果、特种养殖、观光农业等四大主导产业，注重农业园区规模化建设，以项目推进高效农业、动态农业快速发展，提升层次。积极开展农业招商引资，加大农业项目申报，强化龙头企业带动作用，推动农业向高端化攀升。另一方面，为实现差异化、特色化的发展目标，利用互联网、人工智能技术资源、文化资源为生态农业旅游区贴上浦口高新区现代化、高科技的独特品牌标志。三是以打造“沉浸式体验”为核心，以数字化技术为支撑，创新体验方式，营造沉浸式文化氛围，构建全新的文化旅游体验场景。按照观光农业、休闲农业、创意农业的路径实现浦口“农业 + 文化旅游”模式的逐步创新升级。

（三）构建公共服务体系，加强文化市场监督管理

加快完善交通、通信、环保、供水、供电等公共基础设施建设，健全旅游公共信息服务体系，打造以景区为中心的游客集散中心，实现游客出行的“一站式”服务。一要加大对旅游服务人员的培训力度，

提高服务质量和水平；完善住宿设施和配套设施，提高住宿设施的品质和服务质量；加强旅游安全保障，建立健全旅游安全应急预案和机制，加大对游客安全事故的处理力度；加强旅游安全管理，建立完善的旅游安全责任体系；推进智慧旅游发展，运用互联网、物联网、大数据等现代信息技术，不断丰富文化旅游产品业态，提高服务质量，满足游客多元化的需求。二要完善旅游市场管理制度，对全区旅游资源进行系统规划和整合，建立统一的旅游市场监管平台，通过大数据分析手段进行科学管理和决策；积极实施“旅游+”战略，推动文化、旅游、体育等产业与相关产业融合发展，实现资源共享、优势互补、协同创新；加强文化市场执法力度，依法打击各类违法行为。

四、创新文化产品，健全文化服务

要深入挖掘浦口特色文化资源，立足本土文化优势，深入研究浦口历史文化底蕴、人文精神、区域发展和未来规划等，加强文化产品的创新开发，充分展现浦口的历史文化、地域特色、民俗风情和人文魅力。

（一）丰富文化产品供给，创新公共文化服务方式

要切实保障人民群众基本文化权益，充分利用传统媒体和新兴媒体，完善基层公共文化设施网络，丰富文化产品供给，满足人民群众多层次、多样化的文化需求；要通过政府购买、公益赞助等方式，鼓励民间组织、企业等社会力量参与公共文化服务；要创新公共文化服务方式，拓展公共文化服务领域，扩大公共文化服务覆盖面，让广大人民群众共享改革发展成果；要以数字化、网络化、智能化为方向，

提升公共文化服务效能，推动“互联网＋公共文化”服务，利用现代技术手段对图书馆、文化馆（站）、博物馆、美术馆等进行数字化改造升级；要建立健全公共文化服务评价机制，提升群众对公共文化服务的满意度和获得感；要加强文化惠民工程建设，不断创新演出方式和渠道，提升基层公共文化机构的设施利用率和开放程度。要加强对社区居民的人文关怀，为老年人提供便捷高效的基本公共文化服务，丰富老年人的精神生活；要创新对特殊人群的服务方式，根据不同人群的特点，制定有针对性的公共文化服务政策和措施；要创新对外来务工人员的服务方式，结合浦口实际情况，建立健全外来务工人员免费开放图书馆等公共文化设施；要创新对未成年人的服务方式，加强未成年人思想道德建设和爱国主义教育；要创新对流动人口的服务方式，建立健全流动人口基本公共文化服务政策。

（二）灵活运用数字技术，加速文化产品内容创新

灵活运用数字技术促使传统文化的内容创新，依托浦口高新区的科技优势，运用数字出版、数字展览的方式实现跨集团、跨区域的数字资源快速传播交流，通过微信微博、抖音等 App 与网红运营商合作，为观赏者提供直观的书法体验，或进行原创 App 的开发，吸引聚集一批书法爱好者作为固定客户，并将数字技术应用于艺术品线上交易平台的建设中。利用数字传媒装置艺术对求雨山传统文化进行推广，通过举办设计大赛、产学研合作等形式，联合浦口高新区高校内艺术设计、交互设计、数字图像处理、计算机图像学等相关专业的学生进行合作开发，以求雨山传统文化为文化元素设计特色数字传媒装置，如老山景区的公共休闲座椅装置可以围绕“求雨山书法”主题，通过投影呈现水墨风格，增加景区交互体验的同时更好地传播求雨山传统

文化。

（三）以数字媒体为抓手，打破传统文化传播壁垒

数字化媒体技术的普及对传统文化的传播有着积极的促进意义，一方面，数字技术创新了传统文化的传播方式，通过图像、文字、视频等方式对传统文化进行记录，并利用网络优势实现保存与传播。另一方面，数字技术拓展了传统文化的传承空间，成熟的3D成像技术使得传统文化的传播打破了时间和空间的限制。积极与新媒体合作建立完善的数字化媒体传播机制，与互联网媒体、自媒体等进行合作，录制网络脱口秀、书画鉴赏综艺节目、纪录片、音频节目等形式的作品，邀请专业人士对浦口求雨山书法、名人等文化、历史、热点进行解读，以挖掘特色文化内涵作为宣传主题，并鼓励高校相关专业的学生参与到节目的录制中。创新现有的传播理念以适应新时代文化传播与传承方式，促使传统文化与新时代流行元素相融合，从而借力宣传、传播，引入童梦网、爱奇艺等千亿级产业龙头。例如，与腾讯公司进行合作，将求雨山文化IP植入其公司旗下深受广大青少年喜爱的王者荣耀、奇迹暖暖等游戏的人物服饰、技能中，对网游这一新时代流行元素进行文化渗透，从而大幅增加求雨山传统文化知名度。

五、加强文化传播，展现文化实力

加强文化对外交流，扩大文化对外影响力，是增强区域文化软实力和影响力的重要举措。浦口应按照国家和省、市关于实施“走出去”战略，加快建设文化强市的决策部署，以文化“走出去”为引领，以提升文化传播能力为重点，以增强浦口文化国际影响力为目标，推动

区域文化软实力和影响力全面提升。

（一）实施文化“走出去”战略，传播中华优秀传统文化

浦口要积极融入“一带一路”倡议和“长江经济带”战略，推动南京在“一带一路”倡议中发挥重要作用。深化与沿线国家和地区在人文领域的交流合作，加快融入“人文南京·六朝古都”建设行动计划，借力市级平台，支持驻浦口办事处、各类侨团组织等开展海外联谊、人才培训和对外宣传等工作，传播中华优秀传统文化。积极发挥浦口区内两家南京市华侨文化交流基地的作用，推进浦口对外文化交流发展，加快中华优秀文化产品的输出。建立健全对外文化交流机制，推进“请进来”和“走出去”相结合，鼓励和支持浦口企业、机构、高校等积极开展对外文化交流活动，拓展沿线国家和地区在人文领域的合作交流。积极利用海外各类媒体宣传浦口文化，提高浦口对外形象，吸引更多境外人士到浦口观光旅游，提升浦口在海外的知名度。

（二）加强文化传播载体建设，提升国际传播能力

以新媒体为依托，立足浦口历史文化资源和地域文化特色，着力打造一批具有浦口文化标识、具有一定影响力的文化品牌，提高区域文化国际传播能力。利用新媒体平台，构建国际传播网络。积极探索运用新媒体手段，运用新技术，实现国际传播的内容与形式的创新，扩大对外宣传和文化交流的范围和领域。以大数据为基础的人工智能技术为文创产品行业展会获取产业动态信息提供了便利，有助于展会资源利用分配的合理化。建立“AI 大数据 + 会展服务 + 行业分析”系统，在文创产品展会举办时通过 AI 数据平台，对参观者人数、行业地域分布、展后回馈以及参观者个人信息和偏好等信息数据进行分析，

从而提升综合管理水平。展会后，运用智能抓取技术可以把与展会主题相关的信息进行提取和分析，整合办展资源，丰富展会信息库。利用好“两微一端”等新媒体平台，加强浦口历史文化资源和地域文化特色宣传。利用好境外主流媒体和海外社交平台，扩大浦口对外宣传。整合区级各类新闻资源，借助各类国际经贸会议、会展活动等契机，主动对接海外主流媒体，加强与海外媒体的合作与交流。

（三）推进对外文化交流，提升人文交流层次

积极搭建文化交流平台，拓展文化交流空间，形成文化交流的品牌效应。加强与“一带一路”沿线国家和地区的人文交流，通过开展文化合作和举办文化活动等方式，扩大浦口对外影响力。加强与知名艺术院校、著名文化机构的交流合作，提升浦口文化国际影响力。鼓励各类社会团体、民间组织积极开展对外文化交流，引进和推广优秀文化产品和服务。支持以“浦口籍”为纽带的优秀企业、团队赴海外开展经贸活动，提高浦口对外影响力。创新国际交流方式，开展文化招商活动，吸引外资到浦口投资兴业，积极争取一批境外投资项目落户浦口，提升浦口国际化水平。

（四）加强人才队伍建设，打造国际化人才队伍

按照“请进来”和“走出去”相结合的要求，有计划地选派优秀干部、专业技术人员等到国内外院校培训学习、进修深造；鼓励和支持具有国际视野、熟悉国际规则的人员到浦口区工作；大力培养具有一定外语水平、掌握一定专业知识的国际化人才。整合全区人才资源，建立浦口文化人才库。完善人才引进、使用和激励机制，依托南京江北新区，积极引进国内外文化创意设计、音乐、美术等领域的领军人

物及高层次人才。健全文化人才评价体系，开展文化人才能力评价和岗位评价，加强对优秀文化人才的表彰奖励，以更加积极的政策、更加灵活的机制吸引高端人才。加强与国内外著名高校、科研院所、企业的联系，加快引进国内外知名学者、专家和知名企业家到浦口开展学术研究和讲学交流活动。积极推动优秀文化人才向基层一线流动，充分发挥优秀文化人才的示范带动作用。

党的十八大以来，以习近平同志为核心的党中央在领导党和人民推进治国理政的实践中，把文化建设摆在全局工作的重要位置，推动我国文化建设取得历史性成就、发生历史性变革。在以习近平同志为核心的党中央领导下，在各级党委、政府大力推动和社会各界共同努力下，浦口文化事业繁荣发展，悠久的文化遗存和绚烂的现代创意在这片古老而富有生机的土地上融合碰撞。文化事业的发展春潮在浦口大地激情涌动，焕发夺目的光彩。习近平总书记强调，一个国家、一个民族的强盛，总是以文化兴盛为支撑的，中华民族伟大复兴需要以中华文化发展繁荣为条件。“十四五”时期是我国开启全面建设社会主义现代化国家新征程、向第二个百年奋斗目标进军的第一个五年。新征程上，我们要坚定文化自信，坚持中国特色社会主义文化发展道路，把握新发展阶段，深入贯彻新发展理念，加快构建新发展格局，扎实推动“十四五”时期文化建设高质量发展，确保全面建设社会主义现代化国家开好局、起好步。

第四章

“生态绿色”厚植浦口高质量发展底色

党的二十大报告指出，实现高质量发展是中国式现代化的本质要求之一，“推动经济社会发展绿色化、低碳化是实现高质量发展的关键环节”[①]，强调“中国式现代化是人与自然和谐共生的现代化”“尊重自然、顺应自然、保护自然，是全面建设社会主义现代化国家的内在要求”[②]。因此，中国式现代化是体现“绿色”的现代化，建设人与自然和谐共生的现代化，顺应人类文明发展规律，推进生态文明建设是实现高质量发展的重要要求和现实选择。

随着中国式现代化建设的大力推进，我国已经进入生态文

---

① 习近平:《高举中国特色社会主义伟大旗帜　为全面建设社会主义现代化国家而团结奋斗——在中国共产党第二十次全国代表大会上的报告》，人民出版社2022年版，第50页。

② 习近平:《高举中国特色社会主义伟大旗帜　为全面建设社会主义现代化国家而团结奋斗——在中国共产党第二十次全国代表大会上的报告》，人民出版社2022年版，第23、49—50页。

明建设的新发展阶段。党的十八大以来，以习近平同志为核心的党中央把生态文明建设作为统筹推进中国特色社会主义事业“五位一体”总体布局和协调推进“四个全面”战略布局的重要内容，牢固树立和贯彻落实创新、协调、绿色、开放、共享的新发展理念，开展了一系列根本性、开创性、长远性工作，污染治理力度之大、制度出台频度之密、监管执法尺度之严、环境质量改善速度之快前所未有，生态文明建设发生了历史性、转折性、全局性变化。近年来，浦口牢固树立“绿水青山就是金山银山”的发展理念，全面推进生态文明建设，绿色已成为浦口高质量发展最浓厚的底色。

第一节

生态文明建设的内涵与时代价值

习近平总书记指出："生态文明是人类社会进步的重大成果。人类经历了原始文明、农业文明、工业文明，生态文明是工业文明发展到一定阶段的产物，是实现人与自然和谐发展的新要求。"[①] 建设人与自然和谐共生的现代化，是顺应人类文明发展规律、实现中华民族永续发展和伟大复兴的必然要求，也是从我国发展实际出发作出的现实抉择。

一、生态文明兴起的背景

生态文明的兴起及其理论研究与当代社会发展所遇到的诸多现实困境密切相关，工业社会发展中面临的环境困境是生态文明兴起的现实基础，而在此基础上对人与自然关系的历史和现实的理论反思和观念变革则是其思想来源。马克思、恩格斯指出："资产阶级在它的不到一百年的阶级统治中所创造的生产力，比过去一切世代创造的全部生产力还要多，还要大。"[②] 工业化生产方式让世界发生了前所未有的大变革，但也带来了不容忽视的生态环境问题，一度让人类社会的发展陷入极其严重的困境中。恩格斯曾告诫人类："我们不要过分陶醉于我们人类对自然界的胜利。对于每一次这样的胜利，自然界都对我们进行

① 习近平：《论坚持人与自然和谐共生》，中央文献出版社2022年版，第29页。

② 《马克思恩格斯选集》第1卷，人民出版社1995年版，第277页。

报复。”①

从环境问题的产生及其对人类社会发展的影响来看，人们从最初关注由工业化生产方式和消费方式所带来的废气、废水、废渣即“三废”以及生活垃圾、资源滥用对大气、水体、土壤和生物等所造成的可见的、局部的环境污染和生态破坏，逐渐转向关注人类生产与生活对生态环境所具有的潜在的、长远的影响。这种影响越来越具有全球的性质。比如，温室效应、臭氧层破坏、酸雨、水资源短缺和污染以及土地的荒漠化等。全球性环境问题的出现，对生态文明兴起起到了客观的推动作用。弗里乔夫·卡普拉在《转折点》一书中认为：“我们发现我们自己处于一场深刻的、世界范围的危机状态之中。这是一场复杂的、多方面的危机。这场危机触及我们生活的每一个方面——健康与生计，环境质量与社会关系，经济与技术及政治。这是一场发生在智力、道德和精神诸方面的危机，其规模和急迫性在人类历史上是空前的。我们第一次不得不面临着人类和地球上所有生命都可能灭绝这样一场确确实实的威胁。”“全球生态系统和地球上生命的进一步演化也将遭到严重危害，并有可能在一场大规模的生态灾难中彻底终结。过多的人口和工业技术以不同的方式导致了我们所赖以生存的自然环境的严重恶化。结果，人们的健康和福利受到严重的危害。”②

面对全球性生态危机给现代文明发展带来的困境，人们着手对它的社会危害及其原因进行深入分析，以寻求正确的解决途径。比如，罗马俱乐部在《增长的极限》一书中将生态危机产生的原因主要归结为经济和人口的指数增长；奥雷利奥·佩西在《未来的一百页》一书中列

① 《马克思恩格斯选集》第4卷，人民出版社1995年版，第383页。

② 〔美〕弗里乔夫·卡普拉著，卫飒英、李四南译：《转折点》，四川科学技术出版社1988年版，第3、5页。

举了10个方面的社会因素，即人口爆炸、社会生活的无计划性、生物资源的过度开发、世界经济危机、军备竞赛、根深蒂固的社会观念、技术—科学发展中的无政府状态、陈旧的和不适应现状的制度、东西方对抗和南北分歧、社会缺乏道德和有远见的政治领导人。阿尔·戈尔在《濒临失衡的地球——生态与人类精神》一书中把生态危机归结为“我们对地球的关系在三个方面发生了本质变化。第一是人口爆炸。地球上每十年增加的人口相当于整个中国的人口。第二是科学技术革命。我们控制自然的能力和影响我们周围世界的能力有了巨大的增长。第三是思考我们同环境的关系时的方式的改变。不幸的是，这种改变不是越变越好”[①]。

生态学家巴里·康芒纳在分析生态危机的社会根源时，更明确指出：“危机既不是一个自然的骤然而来的结果，也不是人类的生物学活动的力量用错了方向。地球之所以被污染，既不是因为人是某种特别肮脏的动物，也不是因为我们的人口太多了。错误在于人类社会——在于社会用来赢得、分配和使用那种由人类劳动从这个星球上的各种资源中所摄取来的财富的方式。一旦危机的社会根源被弄清楚了，我们就可以开始去计划可行的解决它的社会行动。”[②] 由此可见，生态危机的产生是一种涉及社会各个方面的综合性复杂问题，即罗马俱乐部所称的“世界问题复合体”。解决生态危机需要全世界、全人类共同努力。只有从社会文明发展的高度和广度上，从经济、社会、文化等各个方面，通过对工业社会的改造，才能使人类真正走出生态危机的困

① 〔美〕阿尔·戈尔著，陈嘉映等译：《濒临失衡的地球——生态与人类精神》，中央编译出版社1997年版，第4页。

② 〔美〕巴里·康芒纳著，侯文蕙译：《封闭的循环——自然、人和技术》，吉林人民出版社1997年版，第141页。

境。全球性生态危机的出现，把世界各国紧密地联系在一起，为人类开创新的文明——生态文明奠定了基础。

二、生态文明建设的内涵

习近平总书记指出："中华民族向来尊重自然、热爱自然，绵延五千多年的中华文明孕育着丰富的生态文化。"[①] 儒家的"天人合一"、道家的"万物同一、道法自然"等传统生态思想蕴含着丰厚的生态智慧，体现了中国传统文化中对人与自然的和谐统一的追求。

在现代社会中，"生态"通常被理解为自然环境下生物的生存与发展，或是生物的生活习性和生理特性，常指生物的生活状态。20世纪20年代以前，"生态"一般指生物有机体与周围环境的关系。"生态学"首次出现是德国学者赫克尔在1886年提出的，他认为生态学是关于生物有机体与其周围外部世界之间相互关系的科学。20世纪20—60年代，"生态"主要表现为人与自然之间的关系，它是生物有机体与外部世界的关系，从逻辑上分析生态的主体包含人类。20世纪60—80年代，"生态"一般指人与人文环境、人与自然环境的关系。罗马俱乐部在《增长的极限》一书中详尽地阐述了生态内涵的转变：在人与其他生物和非生物环境之间的关系基础上，增加了人与人之间的关系范畴，自然层面与人文层面开始相互交织。20世纪80年代至今，"生态"指人类环境中各种关系的和谐，生态的内涵再次得到升华。《生态城市：生态健康的城市发展战略》是1991年由荷兰自然规划署出版的，它将生态界定为有效率、参与性、有活力以及负责任的统一体，这就涵盖了

① 《十九大以来重要文献选编》(上)，中央文献出版社2019年版，第443页。

文化、经济和社会等各种关系和谐的意思。[①] 在我国学者黄光宇、陈勇编写的《生态城市理论与规划设计方法》[②] 和王如松编写的《高效·和谐：城市生态调控原则与方法》[③] 中，认为生态是政治、经济、文化、技术和自然之间的彼此协调与发展。现如今，生态的内涵已经演化为人类环境中各种关系的和谐。

我国古代《易经》中对“文明”一词就有记载：“见龙在田，天下文明。”意指一个国家政治、经济、社会、文化等的发展程度。在《世界百科全书》中，“文明”一般指“开化的社会”“社会的高度发达”“文明事业”等。现代社会中，“文明”已成为人类社会的普遍用语，一般是指为社会发展到较高阶段所表现出来的状态，与“野蛮”相对立。文明涵盖了人与人、人与社会、人与自然之间的关系，包含了哲学、宗教和艺术三个要素，可以释义为人类所创造的财富总和。例如，艺术、文学、科学、教育，是对人类思想的荟萃、人类心灵的寄托、对万物之美的诠释。

生态文明以可持续发展为原则，以尊重和保护生态环境为宗旨，强调的是人类的自觉性，倡导的是人与自然之间相互依存、共同繁荣。1972年罗马俱乐部“增长的极限”理论诞生，1987年“可持续发展理念”出现，1992年《里约宣言》中《为各国在环境与发展领域采取行动和开展国际合作》发表，从一定程度上看，生态文明的出现是人类对工业文明的反思，体现了人类对文明发展的期望。生态文明是精神和物质成果的总和，强调人类在对自然进行改造时要以保护和尊重为前提，以遵循人、自然、社会和谐发展的客观规律，在人与自然共同

① 参见董宪军：《生态城市论》，中国社会科学出版社2002年版，第122页。
② 黄光宇、陈勇：《生态城市理论与规划设计方法》，科学出版社2002年版，第58页。
③ 王如松：《高效·和谐：城市生态调控原则与方法》，湖南教育出版社1988年版，第163页。

发展的基础之上，促进人与社会的同步发展。

1987年，我国学者叶谦吉明确提出了“生态文明建设”①。2007年，“生态文明”被写入党的十七大报告中，把建设生态文明确定为全面建设小康社会的重要任务。2012年，党的十八大报告用专门一个单篇论述了生态文明，为我们如何解决环境与发展的问题指明了方向。2022年，党的二十大报告进一步强调了生态文明建设的重要意义，生态文明建设是以生态文明观为指导，对人与人、人与自然、人与社会的关系进行完善与优化的实践活动。从广义上来看，生态文明建设是建立新的社会发展理念，和社会建设紧密相关，包括环境上的保护与治理、节约自然资源。从狭义上来看，生态文明建设是人类尊重自然、认识自然、改造自然的实践活动，是完善和丰富生态文明的实践过程，是人全面发展的一个重要标志。

三、生态文明建设的当代价值

习近平总书记在党的二十大报告中指出：“大自然是人类赖以生存发展的基本条件。尊重自然、顺应自然、保护自然，是全面建设社会主义现代化国家的内在要求。必须牢固树立和践行绿水青山就是金山银山的理念，站在人与自然和谐共生的高度谋划发展。我们要推进美丽中国建设，坚持山水林田湖草沙一体化保护和系统治理，统筹产业结构调整、污染治理、生态保护、应对气候变化，协同推进降碳、减污、扩绿、增长，推进生态优先、节约集约、绿色低碳发展。”② 生态文

① 叶谦吉：《真正的文明时代才刚刚起步》，《中国环境报》1987年4月23日。

② 习近平：《高举中国特色社会主义伟大旗帜　为全面建设社会主义现代化国家而团结奋斗——在中国共产党第二十次全国代表大会上的报告》，人民出版社2022年版，第49—50页。

明建设有利于提高全社会对保护自然生态的重视及全人类共同保护地球的自然环境意识，对建设人与自然和谐共生的现代化具有重大意义。

（一）生态文明建设是实现碳达峰碳中和的根本保障

党的二十大报告强调，"立足我国能源资源禀赋，坚持先立后破，有计划分步骤实施碳达峰行动"。"完善能源消耗总量和强度调控，重点控制化石能源消费，逐步转向碳排放总量和强度'双控'制度"①。实现碳达峰碳中和，是着力解决资源环境约束突出问题、实现中华民族永续发展的必然选择。2020年9月，习近平主席在第七十五届联合国大会一般性辩论上指出，中国将提高国家自主贡献力度，采取更加有力的政策和措施，二氧化碳排放力争于2030年前达到峰值，努力争取2060年前实现碳中和。实现这一目标，意味着我国经济发展要和碳排放脱钩，需要全社会的资源都朝着绿色发展方向逐步实现有效配置，既考虑经济社会发展合理消耗的持续性，又考虑环境资源的承载力和承受性。需要以生态文明理念引领实践探索，把碳达峰碳中和工作与生态文明建设统一起来，加强生态文明建设全局思考，注重绿色发展的系统性、整体性、协同性，以更大的决心和行动促成阶段性目标。深入研究碳达峰碳中和的重大战略决策，明确落实"双碳"工作总体方案、路线图、时间表。尊重自然规律、尊重生态环境，不断把经济社会与资源环境协调发展、人与自然和谐共生引向深入。

（二）生态文明建设是转变发展方式的必然要求

加强生态文明建设、推动绿色发展，是实现高质量发展的题中应

① 习近平：《高举中国特色社会主义伟大旗帜　为全面建设社会主义现代化国家而团结奋斗——在中国共产党第二十次全国代表大会上的报告》，人民出版社2022年版，第51页。

有之义。没有良好的生态环境，高质量发展便无从谈起。没有生态文明建设，就不能有真正意义上的中国式现代化。人类的实践活动不断地改变着人与自然的关系，资本主义的生产方式虽然促使生产力得到空前提升，但也对自然环境造成了不可弥补的创伤，自然逐渐成为人类对象性劳动的“对立物”。“生态文明建设，需要我们树立生态文明和绿色可持续的生产、消费理念，全面改变全社会的生产方式和消费方式”[①]。高质量的现代化经济体系必然是资源节约、环境友好的绿色发展体系。由于我国长期以来受到经济发展模式、发展阶段和地理环境等因素的限制，资源环境的约束成为制约我国经济社会可持续发展的瓶颈。因此，推进生态文明建设，走绿色发展道路，优化产业结构，能够创造更多物质财富和精神财富以满足人民日益增长的美好生活需要，提供更多优质生态产品和生态服务，是实现人类、自然、经济与社会和谐相处，生态与经济协调发展的内在要求和必由之路。

（三）生态文明建设是满足人民美好生活期待的重要内容

人民群众是历史的创造者，实现社会主义现代化必须坚持人民至上，以满足人民日益增长的美好生活需要为出发点和落脚点。中华民族几千年来一直追求的“天人合一”，对蓝天碧水、青山净土有着深切的期盼。进入新时代后，生态环境在人民生活幸福指数中的地位不断凸显。优质生态环境和生态产品是美好生活需要的重要内容，不仅可以为物质生产提供能源资源，而且可以愉悦身心，让生命潜能尽情释放。中国式现代化在创造更多物质财富和精神财富的同时，也在致力推行绿色生产生活方式，解决损害群众健康的突出环境问题，为人民

① 参见温宗国：《可持续生产和消费促进国家生态文明建设的机制与方案研究报告》。

群众提供更多更优质的生态产品，始终坚持生态惠民、生态利民、生态为民，让人民在优美生态环境中有更多的获得感、幸福感、安全感。“民之所好好之，民之所恶恶之。”坚持生态文明建设，让良好环境成为人民生活的增长点、成为经济社会持续健康发展的支撑点、成为展现我国良好形象的发力点，凝聚起亿万中国人的期盼与力量。

（四）生态文明建设是构建人类命运共同体的主要抓手

生态环境关系各国人民的福祉，生态文明建设关乎人类未来，建设美丽地球家园是人类共同梦想。中国基于构建人类命运共同体理念，站在人类文明发展高度，把现代化与人民幸福和民族复兴有机结合起来，推动实现人与自然和谐共生的现代化，履行大国的责任与担当。与西方工业文明建立在少数人富裕、多数人贫穷的基础上，且以牺牲生态环境为代价不同，中国式现代化是中国共产党领导的社会主义现代化，是为大多数人谋利益、维护生态环境的现代化，是一种全新的人类文明形态。人与自然和谐共生的中国式现代化，对内以“推动绿色发展，促进人与自然和谐共生”切实增进人民福祉，对外推动构建人类命运共同体、努力开创人类更加美好的未来，具有深刻的文明示范性。中国作为最大的发展中国家，日益成为全球生态文明建设的重要参与者和贡献者，将有效连通起中国人民与世界人民的梦想，在人类命运共同体建设过程中为世界各国实现人与自然和谐共生、创造人类美好未来贡献中国智慧和中国方案。

第二节

浦口生态文明建设的成效

党的十八大以来，浦口深入贯彻习近平生态文明思想，下大力气推进生态文明建设，污染防治攻坚战阶段性目标任务圆满完成，生态环境质量明显改善，人民群众的生态环境获得感显著增强，经济社会高质量发展的绿色底色更加浓厚、质量成色愈发充足。

一、高标准开展环境污染治理，夯实生态绿色家底

浦口深入贯彻落实习近平生态文明思想，以污染防治攻坚战为抓手，以改善环境质量为核心，坚持铁腕治污，积极推进生态环境高质量发展。

（一）深化水污染防治，碧水保卫战取得新突破

坚持精准溯源，科学治水、系统治水、精准治水，综合推进水环境综合整治、雨污管网清疏修缮、城乡污水处理能力提升，地表水环境质量稳居全省前列，其中2020年全区地表水环境质量位列全省第一，滁河（浦口段）获评省生态河道建设示范样板。一是制定《浦口区入滁河排污口排查整治工作方案》。推进工业企业内部雨污分流改造，基本实现“雨污分流、清污分流”。二是生活污水收集率提高，开展年度区域水污染物平衡核算工作，2022年全区生活污水收集率为70.1%，同比提升

约14个百分点。三是强化跨区联防共治，与滁州南谯、马鞍山和县建立跨区环保合作机制，开展滁河水质联合监测和数据共享。从“九龙治水”到“共治共享”，化解省级跨界水体治理难题。

（二）加强大气污染防治，蓝天保卫战取得新成绩

坚持全面推进系统、科学、精准治气，至2022年，全区PM2.5年均浓度连续6年保持南京市最优。一是加强顶层设计，印发《关于印发浦口区环境空气质量点位长制度的通知》，建立“三级点位长”制度，打好蓝天保卫战。二是持续加强工业污染治理，从源头使用、物料存储运输、工艺过程、末端治理等环节进行全面排查，要求企业制定整改计划，进行改造和治理，形成“排查—评估—整治—再评估”模式，加快解决大气污染治理突出问题。三是加强移动源污染防治，实施机动车国六排放标准，实施高排放机动车限行，加快老旧机动车提前淘汰，开展道路柴油大货车与非道路移动机械专项执法检查。四是全面推进餐饮油烟规范整治，开展餐饮企业环保专项整治任务，推动餐饮整治示范街区创建工作，实现重点区域重点管控餐饮店在线监控全覆盖。五是构建网格化空气监测体系，不断优化全区大气环境质量管控措施，实现辖区大气监测全覆盖。

（三）推进土壤污染防治，净土保卫战开启新局面

坚持管控结合，落实土壤分类管控，突出抓好危险废物安全专项整治。一是建设用地准入管理，实施建设用地土壤污染状况调查报告评审制度，强化土壤污染防治监管。二是强化危险废物监管职能，持续推进“减库存、控风险”，统筹推进“无废城市”建设，危险废物转移处置率保持在99%以上。开展危险化学品使用安全专项整治，成立专项检

查组，对相关企业危险化学品使用环节开展现场检查，推动问题整改。开展废铅酸蓄电池专项整治，从根本上防范了危险废物环境违法行为发生。三是落实制度性风险管控措施。完成农用地土壤污染状况详查，完成重点行业企业用地调查、成果集成和风险分级。受污染耕地安全利用率和污染地块安全利用率均达到100%。四是严守耕地红线，2022年全区“清零”整改率达52.3%，违法用地遏增清存工作“零约谈”“零问责”，获评省土地执法先进区和节约集约综合评价模范区县。

（四）补齐环保基础设施短板，生态环境执法效能得到新提升

全面推进排水管网设施建设，基本实现建成区污水管网全覆盖、污水全收集，基本完成街道镇区雨污水分流全覆盖。完成街道污水处理厂提标改造并实现一体化运维，实现应治理村庄生活污水处理设施全覆盖，建成区街两级大物件资源分拣中心，环境基础设施短板不断补齐。一是执法效能全面提高，将监督执法与污染防治攻坚等重点工作有机结合，科学建立执法正面清单。推行非现场执法检查，对辖区内大气重点企业安装配电系统监控，实时掌握重点企业生产到排放的全过程监管。二是环境应急处置能力得到显著提高。编制完成浦口经济开发区、石碛河、驷马山河、滁河突发水污染事件应急防范体系实施方案。与周边地区开展以滁河突发水污染事件为背景的区级联合环境应急演练，采取协同作战、互通有无的方式，充分发挥联合联动效应。三是推进污染防治综合监管平台建设。初步形成了以无人机航拍、走航车跟踪、大气热点网格布控、敏感气象预报、水质自动监测为支撑的立体化、全天候的区域环境质量预警监控系统。四是联防联控水平不断提升。深入落实《长江三角洲区域一体化发展规划纲要》，积极开展一体化发展示范区生态环境工作交流，与和县、南谯区签订了合

作协议，推进跨界区域生态环境共管共治。

（五）深化农村人居环境整治，美丽乡村建设实现新突破

扎实开展人居环境整治，完善农村基础设施配套。一是深入实施化肥农药减量行动，优化施肥方式，重点推广测土配方施肥、水稻侧深施肥等技术模式。推进农作物秸秆和畜禽粪污“变废为宝”，全区畜禽规模养殖场污染治理率达100%。二是加强农业面源污染监测治理，建立农药包装废弃物临时回收点，对临时回收点的农药包装物进行回收处置。三是常态化开展村庄清洁行动，制定并实施《浦口区农村人居环境长效管护“红黑榜”评价实施办法》，深入推进农村生活污水设施一体化运维，显著提升农村百姓生活环境。农村生活垃圾实现“日产日清”，无害化处理率达100%，出台南京首都农村环境长效管理地方性标准。四是开展“厕所革命”，全区农村厕所无害化改造率达100%，行政村建有生活污水处理配套管网率达100%。五是精准编制镇村布局规划，成功创建45个市级美丽乡村宜居村，永宁街道联合村等4个村镇获评中国最美村镇，江浦街道不老村、永宁街道大埝社区创成全国乡村旅游重点村。星甸街道王村村入选中国传统村落。江浦街道响堂村于2021年被授予南京市“我们的节日”端午文化传承基地，黎家营民宿荣获2021—2022年度江苏省精品民宿称号，西埂莲乡民宿入选第二批南京市职工疗休养基地。

二、全方位推进生态保护修复，提升区域生态价值

浦口坚持最严格的生态空间管控，开展生态红线区域整治，持续开展“绿盾”自然保护地强化监督，完成辖区内生态红线区域一、二

级管控区内环境问题的清理整治工作。完成生物多样性本底调查工作，开展生物多样性就地保护和珍稀濒危野生动植物拯救与保护，加强江豚自然保护区巡航巡护。创成国家生态文明建设示范区，江浦、桥林、汤泉、永宁及星甸街道创成江苏省生态文明建设示范街道。

（一）严格落实“长江大保护”

坚定不移贯彻新发展理念，把深入推进“长江大保护”作为贯彻“绿水青山就是金山银山”理念的具体实践。一是加强制度建设，印发《2019年浦口区长江岸线专项整治实施方案》《浦口区长江保护修复攻坚战行动计划实施方案》《加强浦口区长江流域重点水域禁捕退捕长效管控的通知》等一系列文件，加强长江岸线管理保护。二是推进长江生态突出问题整改，完成“长江岸线非法侵占”整治任务，完成绿水湾湿地非法水产养殖、高旺河劣V类水质问题整改销号。长江岸线整治项目数量、拆除体量、清退生产岸线长度均为江苏省前列。三是开展水生野生动物保护专项执法行动，推进长江流域水生物保护区禁捕工作，落实禁渔期制度。实行“岸线长”负责制，以严厉打击非法捕捞、依法管控违法垂钓、及时处置“三无”船舶为重点，层层压实责任，做到巡查日常化。四是高标准完成长江岸线护堤护岸林建设，按照“应绿尽绿”的原则，基本建成连续完整、结构稳定、功能完备的森林生态系统，显著改善了沿线森林景观和生态功能。五是持续开展水源地隐患排查整治，形成长江桥林饮用水源地、三岔水库应急饮用水源地保护区矢量核定成果，并结合无人机巡查模式开展年度饮用水水源地保护区遥感工作，全区集中式饮用水源地水质逐月全部达标。2020年，浦口长江岸线整治作为典型案例在全国宣传推广。2021年，展示浦口区贯彻落实“长江大保护”的生动实践的南京集成电路创新馆和驷马河公园，成功挂牌江苏省委党校（江苏行政学院）现场教学基地，成为党员干部学习加强党性教育、提升能力素质的重要平台。

（二）湿地生态系统保护

不断加强保护修复守护湿地资源。一是加强湿地保护宣传教育。结合“世界湿地日”“爱鸟周”“野生动物保护宣传月”等活动，通过多种形式宣传湿地保护知识，多角度、深层次地宣传《江苏省湿地保护条例》。二是坚持湿地的保护与管理。2014年，省政府批准建立了南京长江江豚省级自然保护区，其中在浦口境内面积为1.9万亩，长江三桥至五桥区域为江豚保护区核心区，三桥至乌江驷马河河口区域为试验区。三是科学制订湿地修复方案，严格落实生态补偿制度。完成了滁河、高旺河、城南河、驷马河等通江河流和一些大型水库、池塘的环境整治工程，对湿地生态环境进行了修复建设。按照“宜林则林，宜草则草，宜湿则湿”的原则，完成所有地块的湿地修复任务。浦口长江湿地面积得到较大恢复，湿地生态功能和生态系统稳定性得到大幅提升，长江湿地生态系统逐渐进入一种良性循环状态。

（三）生物多样性保护

浦口具有较好的生物多样性特色，尤其是老山国家森林公园，是江苏省最大的国家级森林公园，公园内动植物种类丰富。2020年，新一轮老山景区生物多样性普查成果显示，保护区内已集聚近2000个物种，占全省的1/3。一是全面落实《中国生物多样性保护战略与行动计划》，不断加大生物多样性保护力度，构建了生物多样性保护网络体系。二是加强自然保护区、森林公园、重要湿地等生态红线区域管理保护，划定森林公园、水源地等生态空间区域，充分保障生物多样性保护所必需的生态空间，全区生物资源得到进一步丰富、群落结构得到进一步优化。三是强化珍稀濒危物种保护。针对江豚、中华虎凤蝶等为代表的珍稀濒危物种，开展了一系列的监测与保护行动。加强江豚保护区的巡航巡护，开展了一系列打击违法捕捞行为专项执法行动。严格贯彻长江禁渔期管理规定，强化保护区宣传引导，2017年已完成保护区全面禁捕工作，年均观测到的江豚记录达2000头次。全区重点保护物种均受到100%保护，生物多样性保护水平显著提升。

（四）矿山宕口修复治理

近年来，浦口变荒“为金”，走出生态修复新路，通过修复促进矿产、土地、生态有效融合，实现矿山环境质量显著改善，生态保护水平显著提高。全区52个废弃露天矿山已完成生态修复42个，修复面积约4800亩，昔日的“生态伤疤”走入历史，今日的“生态新果”正渐渐融入周边青山。一是遵循矿山修复因地制宜、生态优先、规划引领、有效利用的原则，开出生态治理“良方”，将生态修复和生态产业发展规划相结合，科学编制矿山地质环境恢复和综合治理规划，系统推进全区矿山修复工作。二是将生态修复和招商引资相结合，探索市场化治理新模式，实现矿山修复与经济发展动态平衡。在老山东南麓，利用废弃矿山进行艺术加工，一体打造矿坑蜂巢酒店和“龙之谷”大型主题公园。2022年，华昌龙之谷累计接待旅游人次60.97万，实现旅游收入7294.28万元。蜂巢酒店结合原有地貌，依托悬崖矿坑，在宕口修复的基础上，因地制宜地打造仿生特色悬崖酒店。该酒店作为废弃矿山修复成果，备受游客喜爱，2022年累计接待旅游人次9.5万，实现旅游收入3905万元。三是对废弃矿山宕口进行生态治理。2020年，对曾经的废弃矿山——里口矿（老母猪沟）进行生态修复治理，清理宕口内随意堆放的废弃土石堆，消除安全隐患，种植乌桕等树木，周边环境得到较大改善，碧绿的水潭与蓝天绿树相互映衬，成为市民口中的“南京翡翠湖”，绿色发展的生态回馈日益显现。

（五）加强水土流失治理

有效防治人为水土流失，促进生态保护和绿色发展。一是做好水土保持法律法规的宣传，强化生产建设项目水土保持方案审批服务，严格执行“三同时”制度。二是实施了珍珠泉水利风景区、水墨大埝水利风景区和滁河水利风景区生态补偿项目建设，从堤坡整治、景观绿化等方面加强环境保护和水土流失治理。三是实施了国家水土保持重点工程沿滁小流域（一期）水土流失综合治理工程。瓦殿冲生态清洁小流域成功创建国家水土保持示范工程。四是加强在建生产建设项目落实水土保持措施的监管，确保水土流失总量得到控制。五是采取公开招标方式确定有资质第三方技术支撑单位，对在建生产建设项目现场实行监督性监测，确保水土保持方案落到实处。

美丽浦口迎蝶变①

南临长江，北枕滁河，百里老山横亘其间，共同造就了江苏省南京市浦口区良好的自然生态禀赋。进入新时代，浦口的“大江大河大山”发生了美丽的蝶变。

长江岸线整治：从“十里造船”到“春江十里”

① 王科：《美丽浦口迎蝶变》，《人民日报（海外版）》2022年11月29日。

万里长江流经江苏“第一站”即是浦口。由于自然条件优越，曾经的长江岸线浦口段桥林一带，造船厂棚扎寨、塔吊林立、机器轰鸣。船厂切割、轧钢、喷漆、除锈对大气和水环境造成严重污染。“滨江不见江、近水不亲水”，一度成为沿江居民的“生态之憾”。

2018年6月开始，一场事关“母亲河”安危的大决战，在浦口区全面打响。壮士断腕，背水一战，47家企业全部完成整治，拆除建筑物13万平方米，复绿面积约170万平方米，恢复生态岸线约11千米，打造江豚保护区，沿岸恢复湿地公园景观……整治后的“十里造船”蝶变成为“春江十里”。

保护长江，岸线整治是“上半场行动”，绿色转型则是“下半篇文章”。在浦口，近10名院士集结形成了国家级现代农业产业科技创新中心，“数字大田”“数字温室”“数字渔场”“数字猪场”，智慧农业助力农民丰产丰收；5条精品全域乡村旅游线路串联大江大河大山，吸引众多游人走进浦口，观山水林泉之美、享乡村田园之乐、品农副特产之香，农民“走上绿色路，吃上美丽饭”。

滁河跨界治理：从“九龙治水”到“共治共享”

悠悠老山，潺潺滁水，以水为魂，源远流长。滁河位于长江左岸，是苏、皖两省边界河流，其中南京滁河（浦口段）位于滁河的中下游，干流长36.7千米。

曾几何时，“不好管”“管不好”成为省际跨界河湖治理的“老大难”，责任难界定、规划难统一、治理难同步等“九龙治水”问题难以有效解决。

在《长江三角洲区域一体化发展规划纲要》和《南京都市圈发展规划》的指导下，浦口区主动作为，化解跨界治理难题。

通过“跨界水体”共治，形成“一盘棋”。浦口区主动加强上下游、左右岸沟通协调，推进滁河流域主要水体共治联管。同时，深化水环境区域双向补偿制度，建立滁河流域生态环境资源检察公益诉讼跨区域协作机制。

通过“联合河长”共管，拧成“一股绳”。充分发挥河湖长制平台作用，以“分段保护、全段合作”为原则，通过召开联席会议、联合巡河、交叉巡堤等方式，齐抓共管、协同共治。

通过“幸福河湖”共建，绘成“一张图”。在《浦口—南谯—和县三地跨界一体化水务建设工作要点》中，跨界河湖管理工作细化了8个方面24项任务，实现跨界河湖治理联防联控、互帮互助、共建共享，共建幸福河湖正从“蓝图愿景”变成“现实美景”。

老山生态修复：从“靠山吃山”到“养山育山”

被誉为“南京绿肺、天然氧吧”的老山，森林覆盖率高达90.3%。曾经，在“靠山吃山”的利益驱动下，老山深处私砍滥伐、偷捕盗猎、违规开采的现象屡禁不止，给秀美山川留下累累伤痕。

为长远计，为子孙谋，“靠山吃山”的浦口人，思路逐渐转变。

改变从重典治乱开始。采石开矿一律叫停，非法猎捕追究到底，盗挖草木严厉惩处，项目会审强调环境评价“一票否决制”，引入GEP理念探索生态产品价值实现机制……老山“生态滑坡”踩下“急刹车”。

环境执法毫不手软，生态修复决不松劲。2013年以来，浦口区有序实施封山育林、植树造林、危害防治，一个个裸露山头披上新装，一处处废弃宕口改头换面，一片片侵占用地退耕还林……老山林木结构持续优化，绿化面积迅速回升，不老老山远近闻名。

2020年，新一轮老山景区生物多样性普查全面启动，最新的阶段性成果显示，保护区内目前已集聚近2000个物种，秤锤树、南京椴、楸树重回公众视野，东方白鹳、中华虎凤蝶、拉步甲数量逐年增加，“物种宝库”阵容越来越庞大。山川草木、虫鱼鸟兽共同绘就老山生物多样性的生动画卷。

“双碳”目标下，老山又被赋予了新的使命——加强林地管理，增加森林蓄积量，提升老山碳汇能力。随着减污、降碳进程的协同推进，老山“碳汇林业”“生态银行”的价值将不断得到释放。

三、大力推进绿色高质量发展，助推经济生态化转型

浦口坚持主打生态牌，走稳绿色路，深入践行“两山”理论，充分挖掘优良生态中蕴含的“产业附加值”，积极构建生态产业体系，挖掘生态产品，将“绿水青山”的生态禀赋转化为“金山银山”的发展优势。

（一）发展生态复合旅游，扩展“两山”转化通道

在新发展理念指引下，浦口积极开展生态复合旅游，将生态优势转化为发展胜势。荣获中国旅游高质量发展区、全国旅游综合实力百强区、中国天然氧吧和国家“避暑旅游目的地”等称号，创成省级全域旅游示范区，打造了2家省级度假区、2个4A级景区。一是探索以旅游规划为引领的“多规合一”，主打老山运动休闲、珍珠泉休闲度假、汤泉温泉体验、滁河田园观光、长江文化风情、城南文旅商务等六大旅游板块，绘制大山大水的蓝绿轴线、泉林田湖的有机组合画卷。彰显滨江特色风貌，护好老山“生态绿肺”，打造滁河“珍珠项链”，形成以老山为轴、长江和滁河为两翼的“生态保护型”全域旅游格局。二是做优深度体验，拓展旅游链条。打造“春赏花海、夏游

莲乡、秋赏林海、冬浴温泉”贯穿四季的全城市、全人群、全场景的旅游节事，打造以星甸烤鸭、桥林茶干、永宁青虾为代表的“浦食浦味”，推出以老山蜂蜜、惠济圣果、西埂莲乡茶滤等为代表的“浦口礼道”，命名水墨年华、蝶梦山丘、小隐九峰居等15家“首批特色文化主题酒店”。三是合理利用老山悬崖矿山废弃土地，引导社会资金在宕口修复基础上打造与山体相融相生的生态旅游体验园。“森林＋康养＋赛事”，建成全省唯一老山有氧运动小镇、老山天景生态风情小镇，成为国内国际知名赛事集聚地，中国极限运动有氧三项推广办公室落地浦口，被评为全国体育十佳景区、全国山地自行车公开赛年度最佳赛区。

（二）发展高效生态农业，提升绿水青山优势

以南京国家农创中心正式获批落户为契机，数字赋能浦口现代农业，切实把“三农”资源优势转化为发展优势，促进农业高质量发展迈上新台阶。2022年，全区农林牧渔业总产值和增加值增速郊区排名“双冠”。一是推动生态发展，做优绿色产业链。提高施肥水平，加强推广测土配方施肥。推广绿色防控技术，推进省级绿色防控示范区建设。加快养殖池塘生态化改造，畜禽类污处理能力显著提升。绿色、有机农产品认证数量新增15个，绿色优质农产品占比提升至68.6%。二是注重数字赋能，推进农业现代化。通过建设浦口数字乡村大数据中心，基本实现涉农数据一屏全览、一网统管，以农创中心为依托，推进基础设施数字化升级，搭建数字大田、数字温室、数字渔场、数字猪场4类典型应用场景，实现智能化、科学化管理，农机作业效率提高50%以上，水、肥、药作业效率提高10%～15%。通过生产端、流通端、营销端全环节数字化，打造青虾订单生产、透明供应的赋能

体系，产值每亩提高近2000元。三是聚焦产业融合，延长产业链条。不断推进产业链强链、补链、延链，加大与盒马鲜生等生鲜电商平台合作。加快苗木转型升级，出台《浦口区苗木转型提质增效发展指导意见》，积极打造标准化种植及科研转化示范基地，在桥林、星甸开展林下套种和林下养殖试点。大力发展休闲农业，新增3个省级特色田园乡村，永宁街道入选全国乡村旅游重点镇，永宁街道联合村获选2022年省级乡村旅游重点村，成功举办响堂栀子花大会、2022年“苏韵乡情”乡村休闲旅游农业等活动。

（三）构建绿色生态工业，促进金山银山提质

浦口以减污降碳协同增效为主线，推动经济社会绿色低碳转型，筑牢浦口高质量发展绿色基底。一是集中财力支持集成电路、高端交通装备制造、人工智能和数字经济、文旅健康产业齐头并进，助推产业高地迅速崛起，刷新发展“含绿量”，擦亮浦口“生态名片”。集成电路全产业链体系完备、集群发展，是南京集成电路产业集聚程度最高、规模占比最大、工业水平最先进的板块；高端交通装备产业规模引领、提质增效，产业链上下游规上工业产值突破80亿元；文旅健康产业蓬勃发展，创成省级全域旅游示范区。二是夯实绿色低碳发展的实施基础。推动固体废物源头减量化与资源化，加快构建废旧物资循环利用体系。开展江北环保产业园产业循环化改造，提高危险废物焚烧协同处置医疗废物能力，培育固体废物资源化利用“专特精优”企业，将园区打造为集固体废物综合处置、资源循环利用、环保科技研发推广于一体的综合性静脉产业园。绿色制造建设深入推进，以清洁生产、绿色工厂创建为重点开展绿色制造体系建设，江苏久吾高科技股份有限公司荣获“江苏省绿色工厂”荣誉称号。

四、多层面推进体制机制创新，筑牢生态价值转化基石

浦口坚持把良好生态作为发展的根本依托和最大优势，大力推进生态文明体制机制改革，积极探索生态保护补偿和资源有偿使用新模式，在全省率先开展地热水水权交易试点。全面推进林长制改革，探索建立补充林地储备库。持续优化、深化河湖管理和治理机制，深化河湖长制改革，深入开展水域保护规划编制和水域保护示范区建设试点，在全省率先试点实施“社会化＋专业化”水库管理养护一体化模式，创新河湖管护机制。大力推进绿色金融，形成了独具特色的生态文明建设“浦口样板”。

（一）生态保护补偿和资源有偿使用新模式探索

一是健全水稻生态补偿机制。加强农田基础设施建设、水稻生产环境保护和修复、农业面源污染治理、水稻农业保险补贴、土地流转补贴等工作，设置生态补偿专项资金，全面推进生态文明建设。建设成效显著，先后打造出了名文牌、晓桥牌、浦林牌等一系列优质食味水稻品牌，建立了“金陵味稻”生产基地，在全省率先获得“功能稻米科技示范基地”授牌，辐射带动浦口优良食味稻米种植面积2万亩以上。二是落实森林资源有偿使用。按要求落实公益林补偿资金，提高资金使用效益，有效保护公益林资源，维护生态安全。进一步严格森林资源保护管理、提升森林资源质量、促进森林资源利用。三是推动水资源有偿使用。在全省率先开展地热水水权交易试点，完成汤泉地区地热水水权交易1例，通过政府引导、市场调节实现水权转移。

（二）纵深推进林长制改革

浦口以严格森林资源保护管理、提升森林资源质量、促进森林资

源利用为目标，通过不断完善组织体系、健全工作机制、强化工作举措，全面纵深推行林长制，取得明显成效。一是扎实推进网格化监管，优化完善并常态化使用林长制综合信息管理平台；进一步明确各级林长办管理职责和护林员工作职责，从巡林出勤、火灾防控、林木保护等方面对护林员巡林成效开展评价，实现护林员规范化管理，全力打通并夯实林长制落实的“最后一公里”。二是加强部门协作，制定《关于协作建立“林长＋检察长”工作机制的实施意见》，增强涉林行政执法刚性，强化对林长、林长办及林长制成员单位履行林长制工作职责的法律监督，积极构建检察机关在林长制工作中的助推机制。三是在老山建设全省首家“林长制走廊”，深化爱林、护林科普宣传，让广大市民了解、参与、监督林长制工作，进一步提升林长制工作的宣传成效。四是探索建立补充林地储备库，为有效解决异地恢复困难，严格落实“占一补一”原则，更好落实林地保护和节约集约用林制度。

（三）持续深化河湖管理和治理机制

一是深化河湖长制改革。进一步细化量化各级河湖长在巡河次数、时长、发现问题、交办督办等方面的履职要求，高标准开展巡查调研活动。深化“河长办＋部门”协作机制，通过协同巡查、联合督办等举措，进一步增强河湖管理保护力量。配合上级推动建立长江、滁河等省骨干河湖的跨省界协同共治机制，协同滁州市、马鞍山市相关县（市、区）、江北新区及六合区拟定滁河联合共治协议，召开跨界河湖联席会议，为河湖长制推动流域统筹治理、区域协同发展、跨界部门联动贡献浦口力量。二是深入开展水域保护规划编制和水域保护示范区建设试点。基于区域水系现状、区域发展状况及水系规划布局，完成《水域保护示范区建设试点实施方案》。探索水系连通等工程及水域占补平衡等制度建设，推进示范区建设。三是提升河湖管理养护水平。制定《区河湖（库）管护标准化守则》，将水面、岸线、堤坝、绿化和设施“五位一体”纳入管护范围，做到“一河一标”，细化河湖管护标准，实现全周期管理、全过程监管，推行养护工作标准化、规范化、精细化、品质化。不断深化小型水库管理体制改革，创成第二批深化小型水库管理体制改革样板县，2022年在全省率先试点实施“社会化+专业化”水库管理养护一体化模式，采取专家巡检和水下机器人、超声波探伤仪等智能化管理举措，水库管理水平明显提升。依托浦口丰厚水历史文化与自然风景资源，成功创建滁河（浦口段）、象山湖两个国家级水利风景区，区内拥有国家水利风景区数量居于全省前列、全市第一。

（四）大力推进绿色金融

浦口绿色融资规模持续增长，金融机构绿色金融服务体系日益丰富，产品和服务体系更加多元。一是做好绿色金融信息服务。加大江苏省生态环境金融服务平台等省综合金融服务平台宣传推广使用。依托绿色金融综合服务平台，帮助区内企业获得绿色金融政策宣介、融资对接服务。截至2022年末，全区在省综合金融服务平台注册企业数达7746家。二是鼓励金融机构发展绿色金融。为促进驻区银行机构加大对地方经济发展支持力度，增加绿色信贷有效投放，提供优质绿色金融等金融服务，出台《浦口区银行机构支持地方经济发展综合评价办法（试行）》，联合金融机构通过设立“支持绿色发展”评价指标，积极支持银行业金融机构提升绿色金融专业服务能力和风险防控能力。三是创新绿色金融产品服务。积极开展普惠金融县区行等银企活动，大力推广“环保贷”“节水贷”等特色绿色信贷产品，支持金融机构创新并推广水权、用能权、竹林碳汇、合同能源管理收益权等抵质押贷款产品。创新推出“浦惠贷”，积极鼓励金融机构加大对符合绿色发展等区内产业发展方向的重点企业、中小微企业的支持力。

五、擦亮生态绿色文化品牌，共建共享美丽家园

浦口坚持以“都市微度假”为生态文化建设的鲜明导向，注重推动文旅资源区域化布局和立体式宣传，积极打造绿色品牌、弘扬绿色文化、推行绿色生活，营造全民共享的“绿色幸福”。

（一）匠心打造美丽乡村品牌，渲染自然生态底色

坚持精心打造特色美丽乡村，持续助力乡村振兴，不断增强人民群众的获得感、幸福感。把美丽乡村建设规划与经济社会发展规划、农业和旅游业发展规划、文化特色产业相衔接，通过有机植入参与性强、体验度高的文旅项目，让游客慢下来、停下来、留下来，实现生态保护和乡村振兴的相互促进、相得益彰，更是“望得见山，看得见水，记得住乡愁”。截至2023年3月底，全区累计创成省级特色田园乡村11个，认定省级传统村落18个、美丽乡村市级宜居村231个。省级传统村落总数在全省位居第六、全市位居第一。围绕中央提出的“文化产业赋能乡村振兴”要求，在江浦街道响堂村先行试点，引进了艺术家、设计师、品牌主理人等专业人才，挖掘最具标识性的文化元素，重塑乡村的建筑形态、经营业态、自然生态、村民状态。2022年，响堂村全年游客接待量超14万人次，各类业态收入近360万元。

（二）精心雕琢生态文旅品牌，放大溢出带动效应

浦口拥有“一代草圣、十里温泉、百里老山、千年银杏、万只白

鹭、十万亩国家级森林公园”的美誉。通过积极利用各种载体，创新促销手段，对内造浓氛围，对外提升形象，深度开拓省内外客源市场，全面提升浦口旅游品牌的知名度、认可度。一是以“节”为媒，组织开展老山国际文化旅游节、乡村旅游节、西埂莲乡莲文化节、珍珠泉同学节等特色节庆活动，全方位展现浦口自然生态底色、农耕物产特色和文化底蕴颜色，让各类节会为文化旅游资源代言。二是切实加大浦口旅游整体形象宣传和营销力度，整合提炼具有较强冲击力和市场感召力的宣传口号、形象标识。三是打造新媒体矩阵，浦口文旅“双微一抖”官方政务平台总粉丝量破40万，“文旅浦口”微信公众号成为全省区县同类最大公众号；4条精品线路首批入选江苏智慧旅游平台；举办老山国际文化旅游节、南京森林音乐狂欢节等54项优质文旅节事活动；#周末DOU来浦口#话题全网总浏览量近7亿次；浦口“都市微度假”营销案例获2020年度国际博鳌旅游奖“年度文旅营销视频奖”、江苏文旅峰会“江苏五大文旅营销事件”，生态文旅品牌效应不断放大。

（三）大力培育生态建设品牌，发挥示范带动作用

坚决贯彻落实生态优先、绿色发展的新理念，像保护眼睛一样保护生态环境，像对待生命一样对待自然资源，让蓝天白云、秀美山川、幸福河湖成为群众最重要的民生福祉、城市最独特的价值基点。浦口将生态文明建设视为根本大计，系统治理山水林田湖草，科学统筹生产、生活、生态空间布局——PM2.5年均浓度连续6年保持南京最低，全域年平均负氧离子浓度接近3000个/立方厘米；7个省、市考断面和12个水功能区水质100%达标，地表水环境质量稳居全省前列；老山以95%的森林覆盖率领跑全省，近2000个物种占据全省1/3。切实发挥品

牌引领作用，先后荣获国家级县域节水型社会达标区、国家生态文明建设示范区、中国天然氧吧、国家水土保持示范工程、国家级小型水库管理体制改革样板县等多项生态文明领域的国家级金字招牌。辖区5个街道均创成“省级生态文明建设示范街道”，并有4个社区村创成省级示范村，包括桥林街道林蒲社区、星甸街道后圩社区、永宁街道大埝社区、汤泉街道陈庄社区。全面彰显“山水城林融为一体、江河湖泉相得益彰”的浦口特色和品质。

第三节

浦口生态文明建设的挑战

新时代新征程，生态环境保护仍然处于攻坚期、窗口期，生态环境从量变到质变拐点还未到来，生态环境保护事业的道路依然任重道远。面临发展环境深刻复杂变化影响，机遇和挑战都有新的发展变化，机遇和挑战并存、机遇大于挑战。以习近平同志为核心的党中央高度重视生态文明建设和生态环境保护；党中央对碳达峰、碳中和明确了新目标；国家级江北新区、长江经济带、长三角一体化等重大区域战略相继在浦口叠加，为改善生态环境提供了重要契机；生态环境政策制度日益完善，生态环保机构垂改和生态文明建设多项改革措施落地见效，生态环境制度保障更加全面、更加有力，为生态环境保护提供了坚实的制度保障；进入高质量发展阶段，绿色生产生活方式加快形成，为实现人口、经济、环境全面协调发展提供了良好条件。生态环境持续改善具有以上多方面的优势和机遇，同时也面临诸多挑战。

一、生态环境质量与人民群众的期盼尚存差距

近年来，虽然浦口的生态环境保护取得了明显进步，但是制约环境空气质量改善的不利因素，如道路、工地、堆场等扬尘污染的难点痛点问题依然存在，需要坚持把生态环境保护放在经济社会发展的大

局中考量，统筹好发展与保护的关系。随着人民群众对环境维权意识的增强，与百姓健康密切相关的大气灰霾、河道黑臭、饮用水安全、城市噪声和电磁辐射等环境问题日益成为公众关注的焦点，环境问题容易成为诸多社会问题的宣泄口。人民群众对高质量的生态环境和优美舒适的人居环境需求越来越强烈，将环境质量改善作为衡量环保工作成效的主要标准，环境保护的战略相持期与老百姓速战速决的心理预期存在矛盾。人民群众生态环境意识的提升，更多体现在对良好生态环境的诉求上，环境质量现状与群众高质量居住环境需求之间的矛盾也日渐凸显。

二、绿色低碳高质量发展压力仍然存在

浦口经济体量偏小、发展能级量级不足，产业结构有待优化，资源环境负荷较大，传统产业向绿色化、智能化转型难度大，绿色发展能力有待提升。随着当前经济增长下行压力加大，发展路径瓶颈显现，进一步淘汰压减落后产能难度加大，政府财政负担将显著加重。生态环境保护结构性、根源性、趋势性压力总体上仍处于高位，环境污染和生态环境保护的严峻形势没有根本改变，生态环境事件多发频发的高风险态势没有根本改变。主要污染物排放总量仍处高位，绿色低碳发展压力大。以浦口2023年一季度规模以上工业能源消费情况为例，重点耗能企业仍是影响全区的关键因素，全区9家重点耗能企业（季度耗能千吨标准煤以上）综合能耗10.22万吨标准煤，同比增长9.7%，占规模以上工业能源消费总量的90.7%。

三、生态产品价值实现机制有待健全

浦口自然生态资源丰富，拥有“两山”转化的先天优势，但还需打通生态资源转化的“最后一公里”，破解绿水青山评价价值难题、抵押难题、交易难题、变现难题。“两山”转化涉及环境保护、资源开发、绿色产业、生态市场等众多领域，现有政策虽然有一定的支持作用，但缺乏针对性、耦合性和时效性，政策之间难以形成保障合力。同时，涉及具体建立体现生态价值的资源有偿使用制度和生态补偿制度等促进资源节约和环境保护的经济政策有待进一步丰富完善。浦口旅游资源与产品多元，但区域同质化程度较高，核心优势不明显，驱动力不足。比如，老山主要开展生态观光和休闲活动，无法满足当前旅游市场的多元体验和消费需求；汤泉温泉发展起步晚，酒店设施承载能力有限，相关配套设施不足，度假旅游尚处于起步阶段；乡村旅游方面，存在“有美丽景色缺文化特色”“有政府投入缺经营收入”“有零散业态缺产业生态”“有改进想法缺实操办法”等问题。文旅项目分布不均衡，浦口旅游项目多散落在老山和北部片区，其他区域大多呈点状开发，未形成集群效应。农产品品牌价值未发挥，产业融合发展有待提升。中高端农产品供给较少，全区尚未建成标准化的农产品精深加工基地。农业资源旅游价值未充分发挥，价值转化方式局限于观光、采摘等初级业态，农事体验、餐饮住宿、科普研学等高端业态较少，不能完全满足都市高端消费人群对新、奇、特旅游业态的需求。

四、公众的环保意识和参与意识还需提升

当前公众已逐步意识到水土流失、土地荒漠化等问题带来的严重

环境问题，但是在生产生活中工厂排污超标、肆意浪费资源的情况与自身的社会生活距离较远，所以依然漠不关心。[①] 马克思认为：“社会化的人，联合起来的生产者，将合理地调节他们和自然之间的物质变换，把它置于他们的共同控制之下，而不让它作为一种盲目的力量来统治自己；靠消耗最小的力量，在最无愧于和最适合于他们的人类本性的条件下来进行这种物质变换。”[②] 每个人都是生态文明建设的基础力量，既是参与者，又是受惠者，共同担当起每个人应尽的责任，提升每个人的生态文明意识，才是真正地解决生态文明建设的根本。“我们急需建立人类对自然、环境的行为规范，以调节人与自然之间的紧张关系，实现人与自然的伦理回归。”[③] 此外，伴随着市场经济的发展，人们的消费理念受到多种因素的引导，越来越多的消费需求使人类告别了简单的生产模式，推动了生产力发展和社会进步。然而，也出现了过度消费的现象，造成资源的大量浪费，严重破坏自然环境。当前，公众个人环保意识和责任的缺失，不仅导致了生态环境的污染，也使更多的人失去了拥有良好生态环境的权利。迫切需要培养公民自觉参与的意识，让人民群众积极主动参与到生态文明建设中来。

① 参见吴明红、严耕：《新时代中国的生态文明建设：进展、挑战与展望》，《人民论坛·学术前沿》2019年第15期。

② 《马克思恩格斯文集》第7卷，人民出版社2009年版，第928—929页。

③ 王永明：《生态道德：建设生态文明的伦理之维》，《社会科学辑刊》2009年第5期。

第四节

浦口加强生态文明建设的路径

推进浦口生态文明建设要坚持以习近平新时代中国特色社会主义思想为指导，深入贯彻习近平生态文明思想和习近平总书记视察江苏重要讲话精神，统筹推进“五位一体”总体布局，立足新发展阶段，完整、准确、全面贯彻新发展理念，构建新发展格局，实现高质量发展，坚持以人民为中心的发展思想，不断拓展生态文明建设的高度、广度和深度，打造天蓝、水清、岸绿的浦口，为建设特色鲜明、产业发达、生态宜居、现代开放的“现代化新浦口”奠定坚实的生态环境基础。

一、聚焦“双碳”目标，推动绿色低碳循环发展

浦口要着眼实现碳达峰碳中和目标，明确碳达峰时间、目标、路线图，科学编制和实施二氧化碳排放达峰行动方案，加快建立绿色低碳循环发展经济体系，不断提升能源资源高效利用水平，增强应对气候变化能力，实现从末端治理向末端治理与源头治理并重转变，推动经济社会发展全面绿色转型。

（一）开展碳排放达峰行动

一是强化目标约束和峰值引领。实施碳排放总量和强度“双控”，

组织达峰目标任务分解，加强达峰目标过程管理，将碳排放强度降低目标纳入浦口高质量发展考核指标。积极推动碳交易落地，鼓励重点企业积极参与碳交易市场。强化与生态环境高水平保护总体布局、协同共进，建立相互协同的监测、统计、报告、核查体系，探索推行重点行业建设项目碳评价。统筹推进源头减排和末端治理“双管齐下”，探索推进“低碳行动”计划，打造一批应对气候变化示范工程，推进“绿色工厂”建设。二是推动重点领域温室气体减排。针对重点高耗能高排放行业，梳理浦口重点行业单位名录，积极开展碳排放强度对标活动。鼓励大型重点企业自主承担碳减排任务，加强对水、电、煤、油等高资源消耗产业节能减排技术开发应用，制定明确目标，形成示范案例。加强企业碳排放管理体系建设，强化从原料到产品的全过程碳排放管理。加强非二氧化碳温室气体排放控制，围绕电子等重点排放行业推动生产工艺改进，选育高产低排放良种，整治垃圾填埋处理设施，减少甲烷等的无序排放。三是夯实应对气候变化基础支撑。推进碳排放报告、监测、核查制度与排污许可制度融合，加强污水、垃圾等集中处理设施温室气体协同控制。加强温室气体排放统计与核算，健全温室气体排放基础数据统计指标体系，逐步在环境统计相关工作中协同开展温室气体排放专项调查。积极创建省级“零碳”园区和工厂，探索“零碳”发展新模式。四是发展森林碳汇，完善碳排放统计核算体系。浦口的林木覆盖率全省第一，在“碳达峰、碳中和”领域有着重要的生态优势，要充分发挥老山森林的固碳作用，进一步加强林业建设，积极探索林长制管护模式，因地制宜启动一批森林生态建设工程，着力构建绿色生态廊道，抓好道路林网、水系林网、农田林网建设，稳步增加森林资源总量。

（二）推进产业绿色低碳转型

一是推动落后产能稳妥腾退，淘汰低端低效产能。推动产业向低碳化转型升级，构建低能耗、低排放、符合低碳经济发展要求的现代产业体系，重点发展战略性新兴产业、现代服务业等低碳产业，形成具有区域竞争力的现代、绿色产业体系。二是推动绿色低碳技术应用。加大轻量化、减量化、循环化、再制造以及其他节能低碳减排技术和理念在制造业领域的推广应用力度。加大技术改造升级的支持力度。大力发展绿色低碳制造技术，提高资源能源利用率。三是全面推动清洁生产。构建农业清洁生产体系，实现投入品减量化、生产清洁化、废弃物资源化、产业模式生态化，不断提高绿色优质农产品占比。聚焦主导产业，推进高精尖产业绿色发展。开展绿色标准化生产示范建设工作，完善绿色生产技术标准和操作规范，使用清洁的能源和原料、采用先进的工艺技术与设备，从源头削减污染，提高资源利用效率。促进资源循环利用，构建线上线下融合的废旧资源回收和循环利用体系，引导企业开展“互联网 + 回收”、智能自助回收新模式。重点推动江北环保产业园建设，将其打造为长三角示范环保产业园、南京循环利用产业集聚区。推动“双心五片”的循环经济产业布局基本形成，工业、服务业领域的重点循环产业链条基本构建，建成推广一批循环经济示范工程。

（三）提升资源能源高效利用水平

一是加快能源结构调整优化。构建高效现代能源体系，加速优化能源结构，构建更加资源多元、调度灵活、安全可靠的能源供应体系。实施节水优先方针，强化用水消耗总量和强度双控，加强水资源“三条红线”管理，科学开展水资源、水环境承载能力评价，建立基于

“生产—生活—生态”用水平衡的区域取水总量控制制度。加强农业节水增效，有效降低农田灌溉水利用系数。加大灌区续建配套与节水改造力度，完善灌区灌排渠系及配套设施；深化工业节水减排，推广机械制造、食品和发酵等重点用水行业节水新技术，积极推进企业循环用水、梯级用水，推广企业节水合同管理模式，强化水平衡测试和用水审计，积极探索设立重点企业水务经理、水管员。更新城区及集镇老旧供水管网，实施老旧小区供水设施提标改造、更新用水计量设施；普及节水器具，推进公共供水管网分区计量管理和宾馆、洗浴等高耗水服务业节水减排。二是推进土地资源节约集约利用。有序开展农村建设用地复垦，强化耕地数量和质量占补平衡。加强工业用地全生命周期管理，加快推进各街镇工业用地集约利用管理，加大存量用地盘活力度，推进闲置土地清理处置。探索项目容积率提高、硬件提升和空间分割等方式，对现有载体进行翻新盘活。选择集中连片、存量建设用地较多的区域，合理定位高标准厂房建设总体布局和规模，有序推进高标准厂房建设。

二、推动生态保护修复，提升生态系统服务功能

坚持尊重自然、顺应自然、保护自然，坚持节约优先、保护优先、自然恢复为主，推进山水林田湖草沙系统治理，实施生物多样性保护工程，强化生态保护监管，提升生态系统质量和稳定性。促进生态产品价值实现，打造具有浦口特色的生态文明建设新实践。

（一）健全生态安全屏障

一是构筑蓝绿交织的生态网络。充分利用山水林田湖草沙等资源

要素，全力构建全区“点、线、面”有机组合的蓝绿网络生态空间，形成“一片两带一网”基础格局。一片：加强老山生态核心片区保护，高标准落实林地保护、加强山林抚育，持续推进林相改造和低效林改造，为城市发展提供生态安全保障。两带：围绕长江和滁河，强化两岸绿地建设与湿地的保护利用，形成两条生态风光带。建设滁河、长江生态涵养廊道，切实维护浦口水源水质，构成贯穿东西、连接区域的水系廊道。一网：围绕城乡人居组团，结合内部河湖水系、农林斑块、绿地系统等，完善生态蓝绿网架。二是严格落实生态空间保护区域刚性管控。科学划定并严格管控生态保护红线和生态空间管控区域，确定边界范围，设立边界标志，加强日常巡护。严格控制驷马山河廊道、石碛河廊道、三桥廊道、城南河—象山湖廊道的建设行为，有效保护具有重要生态功能的区域、重要生态系统以及主要物种。三是健全常态化执法机制，定期开展执法督查，依法处罚破坏生态保护红线和生态空间管控区域的违法行为。加快建设区域生态保护红线监管平台，形成全覆盖、全信息、多尺度、多时相、多元化的“天空地一体化”信息数据资源库。

（二）实施生态保护修复

一是构建自然保护地体系。持续开展“绿盾”自然保护地监督检查专项行动，强化自然保护地生态环境监管，全面排查辖区内破坏自然保护区、风景名胜区、森林公园、湿地公园等自然保护地生态环境的违法违规行为，推进问题的整改。二是保护修复湿地系统。以长江、滁河等自然湿地保护为重点，强化永宁张圩湿地、复兴圩湿地和汤泉邵兴圩湿地生态系统保护。继续实施退田还湿，采取水量调度、生态修复、生态补水、河湖水系连通、重要生境修复等措施，修复湿地生态系统功能。实施“城绿相融”工程。探索建设公园城市，升级城市绿地、城市公园、湿地公园和森林公园，构建山水城林、蓝绿交织、自然和谐的全域公园体系。三是完善绿地系统构建，加快推进老山森林公园片区升级、滨江生态廊道、滁河环境提档升级等重大绿化项目建设。四是实施矿山地质环境保护和生态修复。规范生产矿山开采活动，积极推进绿色矿业建设，持续推进生产（在建）矿山地质环境保护与土地复垦方案实施；实施矿山复绿工程，加强废弃露采矿山生态修复。

（三）加强生物多样性保护

夯实生物多样性保护基础。坚持以就地保护为主、迁地保护为辅，强化生物多样性保护基础建设。一是建设生物多样性数据库和监管信息系统。完善生物多样性监测网络并实施常态化监测，推动浦口生物多样性周期性调查与数据更新，提高生物多样性预警和管理水平。依托浦口现有湿地、森林公园等自然保护地，建设一批生物多样性固定观测样地、野外观测研究站点等，构建长期观测机制。对重要生态系统和生物种类的分布格局、变化趋势、保护现状及存在问题进行全面评估，适时发布综合评估报告。二是实施生物多样性保护重点项目。推进浦口山水林田湖草生态保护修复试点工程，重点推动实施生物多样性保护重大工程，加强生物栖息地、繁衍地、停歇地保护，加大野生动植物行政执法力度。持续开展江豚等珍稀濒危物种专项救护，及水生生物保护区监督检查。开展长江物种保护，实施增殖放流。三是加强外来物种管控。探索建立生物安全管理与应急处置机制，强化生物安全风险管控，定期开展生物安全风险评估，强化生物安全资源监管。建立外来入侵物种监测预警及风险管理机制，积极防治外来物种入侵。

（四）促进生态产品价值实现

一是创新浦口“两山”实践模式。以资源循环利用和生态环境保护为重要前提，依托特色农业资源、农耕文化、人居环境，大力发展绿色有机农业、特色生态种养殖、生态立体循环农业，做大做强浦口特色生态农产品品牌，提高品牌市场竞争力，推动农业振兴和造福百姓，实现生态与农业、农村、农民效益的统一。二是健全生态补偿和生态环境损害赔偿制度。建立生态产品交易平台，加快完成森林、山岭、荒地等全要素自然资源资产统一确权登记。打造生态产品质量标准体系，探索生态资源价值转化途径和生态权益“总量控制—配额交易”机制。支持探索“生态银行”“绿色银行”发展模式，推动生态资源一体化管理、开发和运营。三是推进“人文生态旅游+”。以老山国家森林公园、珍珠泉旅游度假区、汤泉旅游度假区及周边片区为核心载体，创新旅游与康养、体育、文化、娱乐、休闲等产业融合形式，丰富旅游产品供给，营造片区新的消费热点。优化岸线功能布局，融入“生态+”理念，注入农业科技、休闲旅游、风光塑造、慢行游览等生态型功能，塑造生态廊道风光带，实现生态廊道的复合利用和有机串联。以长江文化和船厂文化为主题，打造长江水上观光和滨江休闲带，开展生态体验、生态教育和生态认知活动，充分发挥生态旅游的拉动力及催化集成作用，助力区域经济社会协调发展，实现旅游产业与生态环境保护共赢。

三、加强环境污染整治，持续提升生态环境质量

加强污染防治和生态建设，持续深入打好碧水、蓝天、净土污

染防治攻坚战，建立健全新污染物治理体系，不断提升全区生态环境质量。

（一）坚持三水统筹，打造“幸福河湖”样板

以水生态环境质量改善为核心，严格落实长江大保护，污染减排与生态扩容两手发力，实施“水资源利用、水生态保护和水环境治理”三水统筹，持续开展清水行动，打造“幸福河湖”。一是严格落实长江大保护。坚定不移贯彻“共抓大保护、不搞大开发”战略导向，深入修复长江岸线生态环境。优化岸线功能布局，严格执行长江经济带负面清单制度。推进长江岸线综合治理，全面排查关联性、衍生性和其他生态环境问题及风险，不断巩固整改成效，确保整治彻底、不回潮反弹。二是持续开展清水行动。以水资源利用上线、水环境质量底线、水生态保护红线统筹推进流域开发保护，增加生态用水保障，促进水生态恢复。持续开展饮用水源地达标建设，提升水源地水质预警能力水平。完善排水排涝管网，结合片区雨污分流清疏修缮、城市开发建设，加快实施区内及跨区水系连通工程，加大排水管网、排涝泵站改造及新建力度，逐步将排水管理养护职能向社区延伸。建立健全共同防范、互通信息、联合监测、协同处置的应急指挥体系，探索毗邻区域跨境河道管理与协同发展有效经验。三是着力打造浦口“幸福河湖”示范样板。深入保护和传承滁河、城南河等水文化遗产，大力开展河长制主题公园建设，创建人民满意的“幸福河湖”，打造“幸福河湖”文化品牌。突出生态环境复苏，突出水质感官提升，推动全区河湖治理水平向更高层次提升。进一步整合水利风景区资源，完善景区基础设施建设，深入挖掘水文化，丰富文创产品，加强景区信息化管理，提高服务质量。

（二）坚持协同治理，改善空气质量

持续推进大气污染防治攻坚行动，深化固定源、移动源、面源治理，强化多污染物协同控制和区域协同治理，切实改善空气环境质量。一是加强 PM2.5 和臭氧协同控制。推进浦口大气环境质量达标及持续改善。严格落实空气质量目标责任制，深化“点位长”负责制，完善定期通报排名制度，及时开展监测预警、约谈问责工作。二是持续推进大气污染源治理。强化 VOCs 精细化治理，完善 VOCs 总量管理制度，动态更新 VOCs 排放源清单，完善涉 VOCs 企业分级管理名录，实施分级管控。加强引导示范，推动建立绿色采购制度，培育 VOCs 治理示范企业。推进固定源深度治理，推动重点行业超低排放改造，实施工业企业废气治理提档升级专项工作，严格控制物料（含废渣）运输、装卸、储存、转移和工艺过程无组织排放。三是加强区域联防联控和污染天气应对。完善区域联防联控机制，落实重大活动、区域污染应急管控等区域联防联控。不断强化重点区域大气污染联防联控，与周边其他相邻区域建立区域联防联控机制，共享大气环境质量信息，定期会商协调解决大气污染重大事项，持续开展区域联合执法。

（三）加强系统防控，保护土壤环境

坚持预防为主、保护优先、风险防控，以保障农产品质量安全和人居环境安全为核心，持续推进土壤污染防治攻坚行动，推进农用地安全利用和建设用地风险防控，协同控制地下水和土壤环境风险。一是加强土壤和地下水污染系统防控。深入开展土壤污染状况调查和风险评估，强化成果应用。防范新增土壤污染，新建项目或园区开展环评及回顾性评估时，必须同步开展土壤和地下水污染状况评价，严禁在优先保护类耕地集中区域新建有色金属冶炼、石油加工、化工、焦化、电镀、制革等行业企业。二是推进土壤安全利用。严格保护优先保护类农用地，确保其面积不减少、土壤环境质量不下降。加强严格管控类耕地监管，依法划定特定农产品严格管控区域，鼓励采取种植结构调整、退耕还林还草等措施，推动严格管控类耕地实现安全利用。强化建设用地再开发利用联动监管，推动建立有效的联动监管机制，严格建设用地再开发利用准入管理。有序推进土壤污染治理修复，以危险化学品生产企业搬迁改造、长江经济带化工污染整治等专项行动遗留地块为重点，加强腾退土地污染风险管控和治理修复。三是强化重金属污染防治。严格涉重金属项目准入，新、改、扩建涉重金属重点行业建设项目实施重点重金属污染物排放“减量置换”或“等量替换”。动态更新全口径涉重金属重点行业企业清单，及时将相关企业纳入“双随机、一公开”环境监管，严厉打击涉重环境违法行为。

（四）着力治理农村污染，建设美丽乡村

坚持保护优先、源头减量、问题导向、系统施治，有效治理农业农村面源污染，保护农村生态，改善农村人居环境，建设美丽乡村。一是深入开展农业面源污染防治。实施化肥减量行动、农药使用零增长行动，打造沿江化肥、农药“两减”示范带。针对重点规模化农田退水口开展整治。二是强化养殖业污染治理。大力发展畜牧水产标准化生态健康养殖，合理控制水产养殖规模和密度，加强水产养殖用抗生素规范使用指导。立足养殖尾水达标排放，对养殖池塘进行分类指导，建立尾水净化等设施运行管护长效机制。严控河流、湖泊、水库等公共自然水域投饵网箱网围养殖，促进渔业水域生态环境修复。三是深入推进农村环境综合治理。强化垃圾分类设施配套，建立垃圾分

类信息监管平台，加快形成“户分类投放、村分拣收集、街回收清运、有机垃圾生态处理”的分类处理体系。全面实施农村村级污水治理工程，因地制宜采取集中式、分散式等方式，加快推进农村村级生活污水处理设施建设。四是加快全域美丽乡村建设。加快从“一处美”到“全域美”、从“一时美”到“持久美”转变，推动“自然美”和“人文美”融合、“产业美”和“生活美”共享。打造省级一流的田园综合体，把美丽乡村打造成都市农业新高地、农民幸福乐居地、全域旅游目的地，建设富有地域特色、承载田园乡愁、体现现代文明的美丽乡村。

四、强化环境风险防控，探索环境风险韧性治理

始终坚持把人民生命安全和身体健康放在第一位，牢固树立底线思维，强化风险预警防控与应急，把生态环境风险纳入常态化管理，建立健全全过程、多层级生态环境风险防范体系，确保环境安全。

（一）加强风险预警防控与应急

一是加强环境风险源头防控。强化区域开发和项目建设的环境风险评价，对涉及有毒有害化学品、重金属和新污染物的项目，实行严格的环境准入把关。常态化推进环境风险企业突发生态环境事件风险隐患排查，实施分级分类动态管理，对违法行为实施惩处。强化开展环境污染治理设施安全专项整治，指导督促相关单位对重点环保设施和项目开展安全风险评估和隐患排查治理。二是强化应急管理体系和能力建设。加快应急管理工作基础性、根本性、经常性建设，切实提升市民安全感。构建高水平应急管理体系。推进全区各类环境应急预

案修订，重点推行政企联合演练，强化基层单位的演练，组织公众积极参与演练。加强与周边地区联动，建立应急管理区域协作机制，实现应急资源优势互补。三是健全应急物资储备体系。加强应急物资管理，进一步完善应急物资储备信息系统，建立完善应急物资生产、储备、调拨、紧急配送和监管机制，形成覆盖各类突发生态环境事件的应急物资保障和储备体系。

（二）强化危险废物、医疗废物收集处理

一是深入开展危险废物专项整治行动。全面开展危险废物专项整治，完善危险废物管理机制，加快危险废物处置能力建设。实施危险废物全过程信息化管控，严控重点企业、关键种类危险废物。推进危险废物集中收集贮存试点，积极帮助小微企业解决危险废物转移处置难题。二是强化危险废物全周期环境监管。建立危险废物全周期环境监管体系，严格废弃危化品管理。推进危险废物分级分类管理，完善危险废物全生命周期监控系统，进一步提升监管能力。三是加强危险废物流向监控，严厉打击危险废物非法转移处置倾倒等违法犯罪行为。建立部门联合执法机制，开展环保安全联合专项执法行动，严厉打击违法违规行为。严控危险废物非法转运，实现全链条监管。补齐医疗废物处置与应急能力短板。四是加强医疗废物分类管理，做好源头分类，促进规范处置。高度重视医疗污水监管，进一步加强医疗污水收集、污染治理设施运行、污染物排放等监督管理。

（三）积极探索环境风险的韧性治理

网络化是韧性城市的重要特征之一，缺乏网络联结的城市相对脆弱。网络化的城市更生态、宜居、有韧性，自然生态圈与都市圈实现

协同共生成为趋势。一是加强绿色基础设施建设。牢牢把握居民生活、城市建设、生态环境“三个需要”，发展公园城市、田园城市、城市农场等新型城市开放空间，提高自然的可达性、可亲性。二是优化生态安全格局，提高森林覆盖率，面向生物多样性保护，建设多种类的重要野生动物栖息地，构建整体性、系统性、连通性的生态功能网络，形成生态安全屏障。借鉴其他地区的先进经验，如重庆积极推进美丽城市建设，将广阳岛作为试点，按照“绿色、低碳、循环、智能”的理念修补和建设岛内基础设施和人文设施，最大程度降低对自然生态本底的影响。三是强化多元主体协同意识与能力。重视各主体的主体角色及功能发挥，如公众及社会组织作为环境风险的密切接触者、重要感知感受者的功能发挥，加强社区韧性文化建设，强化合作利他、责任担当意识，加强环境风险防控的法律意识、程序意识、规则意识与技能培训，提升多元主体协同的自组织能力，打造环境风险韧性治理共同体。

五、坚持深化改革创新，健全现代环境治理体系

全面加强党对生态文明建设和生态环境保护的领导，深入贯彻习近平生态文明思想。坚决扛起保护生态环境的政治责任，严格落实“党政同责、一岗双责”，推进生态环境治理体系和治理能力现代化。

（一）健全法规政策体系

一是加强财税支持。建立常态化、稳定的环境治理财政资金投入机制，加大对绿色产业发展、生态环境治理、资源综合利用的支持力度。健全污染物排放总量挂钩的财政政策和生态保护补偿机制，严格

执行环境保护税法，促进企业减少污染物排放。落实好现行促进环境保护和污染防治的税收优惠政策，对符合条件从事污染防治的第三方企业，按规定减免企业所得税。二是完善金融扶持。支持企业申请省绿色金融产品，用于企业节能减排、污染治理技术改造项目。支持符合条件的绿色企业上市和再融资。积极争取国家和省、市绿色产业企业发行上市奖励、绿色担保奖补、绿色债券贴息、环境污染责任保险保费补贴等政策的支持。

（二）健全监督管理体系

一是厘清监管责任，建立健全以改善生态环境质量为目标的考核评价体系。加大审计监督力度，落实领导干部自然资源资产离任审计和生态环境损害责任终身追究制度。二是落实治污责任，推动企业从源头防治污染，依法依规淘汰落后生产工艺技术，积极践行绿色生产方式，减少污染物排放。落实生产者责任延伸制度，加强企业环境治理责任制度建设，督促企业严格执行法律法规，接受社会监督。重点排污企业要安装使用监测设备并确保正常运行，坚决杜绝治理效果和监测数据造假。鼓励排污企业在确保安全生产的前提下，通过设立企业开放日、建设教育体验场所等形式，向社会公众开放。三是用好环境信用手段，加强政务诚信建设，落实国家和省政务诚信建设要求，建立健全环境治理政务失信记录。健全企事业信用制度，深化公开透明的环境信用评价体系，完善自动评价、实时滚动的智能化信用评价模式，建立信用信息更为广泛便捷的共享机制，构建以信用为基础的新型监管模式，落实环保信任保护原则，推进上市公司和发债企业强制性环境治理信息披露。

（三）健全治理市场体系

一是深入推进"放管服"改革，打破地区、行业壁垒，平等对待各类环境治理市场主体，引导各类资本参与环境治理。规范市场秩序，减少恶性竞争，坚决防止恶意低价中标。规范环境检测服务市场，加快形成公开透明、规范有序的环境治理市场环境。二是创新环境治理模式，实施集约建设、共享治污"绿岛"工程，建设可供多个市场主体共享的环保公共基础设施，实现污染物统一收集、集中治理、稳定达标排放。推进生态安全缓冲带建设，促进污染物集中消纳处置，推动减污扩容和生态修复的有机融合。大力推行环境污染第三方治理，开展园区污染防治第三方治理示范，探索统一治理的一体化服务模式。三是优化价格机制，完善有利于绿色发展的价格机制、价格政策体系。严格落实差别化电价、水价政策，并建立动态管理机制。实施煤质与供热价格挂钩机制。开展生态环境损害赔偿工作。强化"环境有价，损害担责"理念，树立"每案必立，每案必赔"的目标，对违反国家规定造成生态环境损害的，及时开展生态环境损害赔偿工作。

（四）健全治理服务体系

一是落实优化营商环境相关政策，全面实施市场准入负面清单制度，探索制定招商选资"绿色标准"，明确重点发展行业招商导向清单，实施差异化发展，对符合条件的绿色招商项目予以审批、金融服务、资金倾斜。引导金融机构采取优惠信贷支持等措施，帮助民营和中小微企业减负担、降成本。二是建立联合会商机制，共同推进解决地方发展中的生态环境问题。健全环保技术帮扶机制，落实生态环境监管服务推动经济高质量发展、支持服务民营企业绿色发展的各项举措，完善服务企业高质量发展的各项制度，对重大项目实行“一企一策”跟踪服务，推广环境医院、环保管家和环境顾问等服务模式。三是完善豁免管理制度，实施差别化、精细化管理，强化“一企一策”，对符合管控豁免条件的企业和工地，可减免相应管控要求，让更多的企业和工地享受豁免政策。四是深化环评审批制度改革，推行园区环境影响评价区域评估改革工作，助力入园企业共享区域评估成果，简化项目环评审批，做好重大项目环评审批服务。

六、推进多元主体参与，打造共治共享新格局

深入践行习近平生态文明思想，践行勤俭节约、绿色低碳、文明健康的生活方式和消费模式，把人民群众对美好生态环境的向往转化为行动自觉，着力打造全民共建共治共享的生态环境保护社会行动体系，为持续改善生态环境、建设美丽浦口营造良好社会氛围和坚实社会基础。

（一）挖掘弘扬生态文化

一是加强对传统生态文化的挖掘与整理，将挖掘和保护、整理与修复有效衔接起来，保持传统生态文化的原真性、完整性。加大生态空间管控区域、自然保护地宣传推广，建立各类生态文化教育场所和自然博物馆，将自然生态保护与文化保护传承有效结合。二是着力发展具有浦口特色的森林和野生动物文化、湿地文化、生物多样性文化，大力开展自然教育，大力发展生态文化产业，努力生产更多更好的生态文化产品。在弘扬浦口特色传统文化的同时，把握新时代高质量发展的实践要求，把传统生态文化的思想精髓发扬光大，与时俱进，开

拓创新，将生态文明理念融入浦口经济、文化、政治和社会等多方面建设过程中，形成具有浦口特色的生态文化体系。

（二）加强生态文化载体建设

一是通过开展节约型机关、绿色家庭、绿色学校、绿色社区、绿色出行、绿色商场、绿色建筑等创建行动，深入开展绿色生活“十进”活动，完善生态文明建设的细胞组织。以生态文明建设示范创建为抓手，大力开展生态文明建设示范乡镇（街道）建设的后续监管工作，持续开展成效评估和经验总结工作，形成可推广、可复制、可借鉴的创建模式。二是持续推动“绿水青山就是金山银山”实践创新基地创建，探索“绿水青山”转化为“金山银山”的有效路径。大力推进节水载体建设，建成一批水肥高效利用等农业节水示范项目，培育一批低耗水、“零排放”工业节水企业，建设一批特色鲜明的节水宣传教育基地，开展“水效领跑者”行动，打造节水标杆。

（三）实施生态文明宣传教育

一是拓宽生态文明宣传途径，坚持面向广大基层的宣传形式，组织开展以提高公众生态环境素质和全社会文明程度为主要内容的宣传活动。充分发挥工会、共青团、妇联以及有关行业协会、环保组织的作用，强化生态环境保护、绿色低碳的宣传推广。在自然保护区和森林、湿地、地质等公园、风景名胜区、博物馆等文化场所建设一批生态文化示范基地，开展形式多样、丰富生动的生态体验活动，让公众充分感受到自然生态系统的文化和服务价值。二是加强全民生态文明教育，广泛开展习近平生态文明思想学习和系统研究。定期组织各企业领导和主要负责人进行生态文明培训，重点培训与企业节能减排、清洁生产、绿色技术创新相关的环保技术和管理方法。围绕垃圾分类、区域生态文明建设成果等热点话题，在学校组织开展生态环保讲座、生态环保主题班会等活动，充分利用各类宣传载体，以及在有条件的学校建设环保暨生态文明宣教展示馆（区）等多种方式开展校内生态文明宣传教育。

（四）推动生态文明共建共享

一是健全行政力量主导下的环保社会组织参与环境决策、执法监管等过程的公众参与模式，形成政府、企业、公众共同参与、相互监督、良性互动的环保共建共享机制。二是坚持把人民群众投诉举报作为精准发现生态文明问题的一个有效途径，不断挖掘问题，畅通投诉渠道。利用环保投诉热线“12369”，全天候、全时制为民服务。制定严格的信访办理和回复制度、应急执勤制度，实行案件受理、转办督办、结案回复一体化工作机制。探索开展“群众生态探访”“群众环保课堂”“民间河长”等多样化公众参与形式。三是充分利用好多层次媒体交流平台，开启“互联网 +”公众参与环保模式，探索开展“云开放”“云探访”“云宣讲”，扩大生态文明宣传，主导网上舆论导向，充分实现网络互联互动，为群众搭建更加便捷有效的沟通桥梁和服务平台。

人不负绿水青山，绿水青山定不负人。近年来，浦口努力提高绿水青山生态产品供给能力，勇于探索生态优势转化为富民资源的有效路径和实践模式，将“绿水青山”的生态优势转化为“金山银山”的发展法宝，积极打造集最美山水廊道、最美公园城市、最美乡野田园、最美文旅景观于一体的现代化新浦口，把高质量体现到生态高价值上，绘就浦口发展美丽图景。党的二十大从建设人与自然和谐共生的中国式现代化的高度，对推动绿色发展、建设美丽中国作出重大战略部署，对生态文明建设提出了更高要求。浦口要认真践行习近平生态文明思想，继续树牢“绿水青山就是金山银山”的重要理念，努力建设人与自然和谐共生的现代化，锲而不舍，接续努力，必将汇聚起更加磅礴的力量，交出令人民满意的“绿色答卷”。

第五章

“社会治理蓝色”彰显浦口高质量发展特色

党的二十大报告指出，高质量发展是全面建设社会主义现代化国家的首要任务，是中国式现代化的本质要求，实现高质量发展是以中国式现代化全面推进中华民族伟人复兴的基本路径。高质量发展是一个完整、系统的概念，与社会主义现代化建设息息相关，要求在保持经济增长的同时，注重质量和效益的提升，实现经济、社会和环境的协调发展，是整个经济社会发展方方面面的总目标。其中，社会治理作为夯实中国之治的重要方面，是推动高质量发展的重要保障，在推进中国式现代化进程中发挥着关键作用。近年来，浦口在社会治理领域采取多种创新做法，着力增强社会治理效能，取得了一些有益的成果，这正是浦口不断坚持和发展新时代“枫桥经验”的具体体现，也是将中国式现代化的各项部署要求与建设现代化新浦口的实践相结合，为推动基层社会治理创新，推进浦口经济社会高质量发展，摸索了经验，探索了路径。

第一节

社会治理的理论基础与政策演变

一、社会治理的理论基础

“社会治理”这一概念源自社会管理。学者奥马罗夫在其代表作《社会管理——某些理论与实践问题》中提出社会管理的基本概念：社会管理是管理主体对社会系统的有科学根据的影响，为的是使系统实现它面临的目标和任务。这种影响能够使系统呈现有序状态，使它趋于稳定和转变为另一状态，而该影响的实现要从加工反映系统运动特征的信息的结果出发，要借助于对人们的活动的适当组织和协调。[①] 可以看出，社会管理的定义包括三方面的内容，即主体、内容和手段，且社会管理被定义为一种过程。在此基本框架的基础上，大量中国学者结合我国经济和社会发展的特色，不断地完善“社会管理”这一概念。

在我国，“社会管理”一词最早出现在1998年的《关于国务院机构改革方案的说明》中，强调政府的基本职能在于宏观调控、社会管理和公共服务。社会管理是指党委和政府以及其他社会主体运用法律、法规、政策、道德、价值等社会规范体系，直接或间接地对社会领域各方面、各环节进行服务、协调、组织、监控的过程和活动。社会管

---

① 〔苏〕A.M. 奥马罗夫著，王思斌、宣兆凯、潘信芝译：《社会管理——某些理论与实践问题》，浙江人民出版社1987年版，第27页。

理是人类社会必不可少的管理活动，在我们这样一个有14亿多人口、经济社会加快转型的国家，社会管理任务尤其艰巨而繁重。社会管理的根本目的是维护社会秩序、促进社会和谐，其基本任务包括协调社会关系、规范社会行为、解决社会问题、化解社会矛盾、促进社会公正、应对社会风险、保持社会稳定，创造既有活力又有秩序的经济社会发展环境。

随着社会的发展与进步，社会管理的概念在逐步实践的过程中，并不能完全符合社会发展的需要，在社会结构单一时期，决策者可以像指挥军队一样引领社会前进，但当利益格局复杂、社会诉求多元以后，要把更多的决策交给社会去博弈，交给社会组织去负责。人们越来越认识到：政府对于公共事务的影响只是众多因素中的一个因素，事情越复杂，政府的局限性越明显；越来越多的人们开始相信：公共关心的重要问题，包括环境问题、信息和通信技术发展问题，非常复杂，以至于不能仅仅依赖政府单独决策。一个好的社会运行方式，还必须包括社会的广泛参与，唯此才能充分调动社会积极性，既节省成本有效率，又能提高效能促进社会和谐。这促进了以社会治理替代社会管理的观点主张的发展。

社会治理的概念起源于20世纪末，进入21世纪后成为中国学术界的重要话语。按照全球治理委员会的界定，社会治理是各种公共或私人机构和个人管理其共同事务的诸多方式的总和；社会治理是使相互冲突的或不同的利益得以调和并且采取联合行动的持续的过程。[①] 社会治理是社会管理的升级，是社会管理基础上的深度探索，社会治理更强调社会各界共同关心、共同参与公共事务。

---

① 参见全球治理委员会：《我们的全球伙伴关系》，牛津大学出版社1995年版，第23页。

2013年，党的十八届三中全会通过的《中共中央关于全面深化改革若干重大问题的决定》(以下简称《决定》)指出:“全面深化改革的总目标是完善和发展中国特色社会主义制度，推进国家治理体系和治理能力现代化。”《决定》中多次提到“社会治理”一词，并且单列一章强调创新社会治理体制。全会提出，要创新社会治理，提高社会治理水平，维护国家安全，确保人民安居乐业、社会安定有序；要改进社会治理方式，激发社会组织活力，创新有效预防和化解社会矛盾体制，健全公共安全体系。这次全会把以往的“社会管理”提升为“社会治理”，适应了我国新时期的新特点和人民群众在新时期的新期待，是水到渠成、实至名归的，从“社会管理”到“社会治理”的转变，一字之差，体现了中国共产党执政理念的新变化。从此，“社会治理”成为国家治理体系和治理能力现代化的重要内容。

要明确社会治理的概念，必须把握社会治理的主体、对象、功能和手段这四个要素。

(一)社会治理主体

社会治理作为一项系统工程，其开展和实施不是哪一个主体能够单独完成的，而是需要多元治理主体共同参与。目前，我国社会治理的主体可以分为政府主体、市场主体和社会主体。

政府主体包括各级党委和政府机关。有学者认为，社会治理是指国家通过自己的权力机关或授权部门依据一定的规则，对社会生活方方面面的干预、协调、调节、控制等行为，它是政府以调整社会关系、规范社会行为、维护社会秩序为目的而对社会活动所进行的管理①，政

① 参见潘丽霞:《论第三部门与社会管理职能》,《四川行政学院学报》2004年第5期。

府主体是社会治理的主导力量。市场主体包括企业、消费者和各类行业组织，它是社会治理最主要的资源配置者。社会主体包括社会组织、公众和公民各种形式的自组织，它既是社会治理的对象，也是社会治理的主要参与者。社会治理的主体是多元的，社会治理是中国各级地方政府的重大职责，虽然政府在其中发挥着主导作用，但是无法替代社会组织以及公民个人的作用。中国特色的社会治理模式是“强政府、大社会”模式。“强政府”是指我国党和政府在全社会中处于领导和协调的中心位置。“大社会”的基本含义是：政府的权力来源于人民，公民社会对政府有监督制约作用，公民参与管理国家与社会事务。同时，社会组织既是社会治理的客体，也是社会治理的主体，社会自治就是社会的自组织管理、自组织服务、自组织发展和自组织满足。

多元主体共治要求政府主体、市场主体和社会主体之间紧密配合，要立足推进社会治理现代化过程中的重点和难点，充分发挥不同主体的治理功能和优势，共同促进社会治理事业向前发展，共同推动社会治理重点领域和关键环节取得突破性进展，并且在推动多元主体共治的基础上，进一步增强各治理主体之间在利益、价值和情感方面的一致性，努力促进不同治理主体之间实现有机团结，增强统筹协调和资源整合，最终提升整个社会治理系统的凝聚力。

（二）社会治理对象

社会治理是指治理主体对于社会实施的管理，它的治理对象是“社会”。对社会的理解不同，对社会治理的看法也各有不同。学者郑杭生和杨敏提出了两种对比意义上的社会，第一种是“大社会”与“小社会”的二分框架，大社会区别于自然界，是指人类文明层面的社会；而小社会则是经济、政治等不同子系统之外的社会子系统。第二种则在“大社会”与“小社会”二分的基础上，添加了“中社会”的范畴，“中社会”进一步囊括了市场这一内容。他们认为对于社会建设的讨论应视问题而定，而其中，政府是无法走开的。[①] 谢立中则认为社会存在三种范畴，即独立于国家之外的社会性社会，独立于共同体之外的选择性社会，独立于个人之上的结合形式性质的社会。[②]

社会治理针对的是会影响大部分人的公共事务，涵盖三个方面的内容：一是基本的民生保障，包括就业、收入分配结构、住房、基础教育、公共卫生、社会保障等，它们是维持公民基本人道生活的最低保障线，也是维护社会公平、化解社会矛盾、促进社会和谐发展的“稳定器”和“解压阀”，民生保障是社会治理的基础。二是公共安全，主要包括食品安全、工程安全和社会治安等。它们是维护社会公众享有安全的生存和工作环境，以及生命财产、身心健康和自我发展的安全性保障。三是社会治理机制，包括社会治理中的政府、市场、社会的功能定位与关系，如何处理国家利益和公民利益、公共权力与公民权利的关系，用什么样的方式实现社会资源的再分配和社会秩序的调整等一系列的制度安排。它们是维护公民主体地位、保障公民合法表达利益、依法参与社会事务、维护合法权利的制度保障。

（三）社会治理功能

对于中国社会的整体发展来说，社会治理承担着多种社会功能：要规范和维持社会秩序、预防和化解社会矛盾；要为市场经济的运行

---

① 参见郑杭生、杨敏：《社会与国家关系在当代中国的互构——社会建设的一种新视野》，《南京社会科学》2010年第1期。

② 参见谢立中：《“社会建设”的含义与内容辨析》，《北京大学学报（哲学社会科学版）》2015年第2期。

提供稳定的社会秩序，并保障人力资源的竞争性；要为实现社会主义的理想提供保障；要为国家与新兴的多元社会之间形成良性互动关系提供制度条件等。社会治理的根本目的是维护社会秩序、促进社会和谐，最大限度激发社会创造活力，最大限度增加和谐因素，最大限度减少不和谐因素。社会治理有效，才能使社会有序运转、国家安宁、人民安居乐业，为经济、政治、社会等各方面发展创造良好的环境和条件。否则，社会不可能正常运行，更不可能发展进步，还会造成社会混乱，甚至发生社会危机和倒退。

（四）社会治理手段

社会治理的手段包含自治、法治与德治。自治就是自我治理，居民自我管理、自我教育、自我服务，实行民主选举、民主决策、民主管理、民主监督。法治的核心在于维护人民权利。法治的特征在于法有独立权威，任何社会主体都在法的制约范围之内。更重要的是，法治是善法之治，即法不是依据部分社会群体的意志制定，而是要代表所有人民的意志、为人民权利提供保障。社会治理需要法治在各社会主体间划定责任、义务和权利的边界，让人民权利免于威胁和伤害。作为社会治理主要手段的法治是紧密围绕人民权利所实施的，最终目的还是“让人民获得感、幸福感、安全感更加充实、更有保障、更可持续”。德治即是以道德规范来约束人们的行为从而形成社会秩序的治理观念和方式，道德规范约束是一种非正式制度约束，现代德治所凭依的道德是具体个体性的，对应着一个人的权利和义务，是个体对社会规范的接受和内化过程。

自治是法治与德治的基础，法治是自治与德治的边界和保障，德治是较高追求，德治以自治与法治为基石，并对自治与法治形成有力补充。“三治”各有侧重，有优先次序，但更需要同时发力、交织前进，才能发挥“三治”结合的“乘数效应”。“三治”结合并非自治、法治与德治的简单相加和组合，而要把它视作一个有机整体。这要求“三治”建设在组织架构上坚持整体论，摒弃还原论；在治理边界上处理好政府统筹和基层社会探索之间的紧张关系，发挥政府的促进作用；在治理载体上因地制宜、自主探索，寻找彰显自治活力、法治精神和德治正气的有效载体。同时，还要发挥社会力量的“点睛”作用，将这些要素激活，使社会运转起来。

综合以上四个方面因素，社会治理可以概括为：在我国社会、政治体制下，为了维护社会秩序、促进社会和谐，党和政府以及其他社会主体运用法律、法规、政策、道德、价值等多种资源和手段，直接或间接地对社会生活、社会事务、社会组织等社会领域中的各方面、各环节进行服务、协调、组织、监控的过程和活动。

二、我国社会治理的政策演变

2012年11月，党的十八大报告将社会管理和民生并列为社会建设的重要内容，提出“在改善民生和创新管理中加强社会建设”，并在党的十六届四中全会提出的“党委领导、政府负责、社会协同、公众参与”社会管理格局基础上，提出要加快形成“党委领导、政府负责、社会协同、公众参与、法治保障”的社会管理体制，报告中首次明确了“社会管理体制”这个概念，实现了从社会管理格局向社会管理体制的转变。在社会管理体制中增加了“法治保障”这一新内容，体现了社会管理与依法治国的结合。社会管理不仅是行政性的管理，而且将法治作为社会管理基础性的保障。同时，对加强社会管理的措施提出了新要求。首先，强调“社会管理法律、体制机制、能力、人才队伍和信息化建设”。其次，强调“改进政府提供公共服务方式”。最后，强调社会管理的重点工作在于“加强基层社会管理和服务体系建设，增强城乡社区服务功能，充分发挥群众参与社会管理的基础作用”。

党的十八大报告指出了中国特色社会主义社会管理体系的四个组成部分，分别是合作共治的社会管理体制、健全完备的基本公共服务体系、法制规范的现代社会组织体制、相互结合的社会管理机制。报告中的相关表述为：“加强社会建设，必须加快推进社会体制改革。要围绕构建中国特色社会主义社会管理体系，加快形成党委领导、政府负责、社会协同、公众参与、法治保障的社会管理体制，加快形成政府主导、覆盖城乡、可持续的基本公共服务体系，加快形成政社分开、权责明确、依法自治的现代社会组织体制，加快形成源头治理、动态管理、应急处置相结合的社会管理机制。”①

2013年11月，党的十八届三中全会召开，会议通过《中共中央关于全面深化改革若干重大问题的决定》(以下简称《决定》)，明确全面深化改革的总目标是完善和发展中国特色社会主义制度，推进国家治理体系和治理能力现代化。《决定》指出，创新社会治理“必须着眼于维护最广大人民根本利益，最大限度地增加和谐因素，增强社会发展活力，提高社会治理水平，全面推进平安中国建设，维护国家安全，确保人民安居乐业、社会安定有序”，从改进社会治理方式、激发社会组织活力、创新有效预防、化解社会矛盾体制和健全公共安全体系等方面对如何创新社会治理体制进行了阐述。深化社会体制改革，推进社会领域制度创新，推进基本公共服务均等化，加快形成科

---

① 《胡锦涛文选》第3卷，人民出版社2016年版，第640—641页。

学有效的社会治理体制。全会对创新社会治理体制进行了部署，提出要改革社会治理方式，要求坚持系统治理、依法治理、综合治理和源头治理。传统社会管理更多地侧重单一主体的政府管理、自上而下的政府管控，而社会治理更加强调多元参与、共同治理，更加强调民主协调、依法管理，更加强调以人为本、维护权利，是共治与自治的结合、法治与德治的并用。全会提出，社会治理要“发挥政府主导作用”，这是一个重要的新思想。把“政府负责”改为“政府主导”，不仅表述更加准确，也意味着社会管理的职能主要由政府承担。“政府主导”意味着社会管理中政府的职能定位更加清晰、作用更加突出，也意味着党委和政府对社会进行管理的体制将会进行适当改革和完善。在社会治理中，发挥政府主导作用，并不是包揽社会治理的所有事务，而是鼓励和支持社会各方面参与，实现政府治理和社会自我调节、居民自治的良性互动。这是中国共产党成立以来在党的正式文件中第一次提出“社会治理”概念，第一次在中央文件中独立成篇，“社会治理”成为国家治理体系和治理能力现代化的重要内容，在理论上丰富了社会治理的现代化内涵，也赋予了中国特色社会治理理论时代意蕴。

2014年3月，十二届全国人大二次会议的《政府工作报告》对“推进社会治理创新”作了具体部署，要求“注重运用法治方式，实行多元主体共同治理”。党的十八届四中全会把“推进法治社会建设”作为全面依法治国的重要内容，第一次明确提出“提高社会治理法治化水平”的概念，在依法治国的基本方略下，把社会治理纳入法治化轨道，努力实现社会治理体系和运行机制的法治化、制度化。

2017年，党的十九大报告指出，社会主要矛盾已经由“人民日益增长的物质文化需要同落后的社会生产之间的矛盾”转化为“人民日益增长的美好生活需要和不平衡不充分的发展之间的矛盾”[①]。报告还指出，人民群众对美好生活的需要日益广泛，不仅对物质文化生活提出了更高要求，而且在民主、法治、公平、正义、安全、环境等方面的要求日益增长。为了有效回应这些新需要，解决社会的新矛盾，党的十九大报告在加强和创新社会治理领域，提出要打造共建共治共享的社会治理格局，并且提出了社会治理的制度建设、提高四化水平和加强四个体系建设。同时，在实现社会主义现代化强国的目标中，提出到2035年“基本形成现代社会治理格局”的目标。

2019年，党的十九届四中全会审议通过的《中共中央关于坚持和完善中国特色社会主义制度、推进国家治理体系和治理能力现代化若干重大问题的决定》指出：“坚持和完善共建共治共享的社会治理制度，强调完善党委领导、政府负责、民主协商、社会协同、公众参与、法治保障、科技支撑的社会治理体系，建设人人有责、人人尽责、人人享有的社会治理共同体。”这体现了我们党社会治理理念的升华和对社会治理规律认识的深化，是尊重人民主体地位、坚持以人民为中心的重要体现。就基层社会治理来说，它不只是党委和政府的责任，也是社会各方的共同责任。坚持和完善共建共治共享的社会治理制度，意味着社会治理是党委领导、政府负责下的社会主体共同治理，治理方式从过去自上而下的单向管理转向多方良性互动，更多主体在党的领导下，以更加多样的方式加强和创新基层社会治理，从而建设人人有责、人人尽责、人人享有的社会治理共同体。这有利于使社会治理成为亿万人民参与的生动实践，真正让人民群众成为社会治理的最广参与者、最大受益者、最终评判者，有效推进社会治理体系和治理能力

① 习近平：《决胜全面建成小康社会　夺取新时代中国特色社会主义伟大胜利——在中国共产党第十九次全国代表大会上的报告》，人民出版社2017年版，第10页。

现代化，保持社会稳定、维护国家安全。

2022年，党的二十大报告指出：“完善社会治理体系。健全共建共治共享的社会治理制度，提升社会治理效能。在社会基层坚持和发展新时代‘枫桥经验’，完善正确处理新形势下人民内部矛盾机制，加强和改进人民信访工作，畅通和规范群众诉求表达、利益协调、权益保障通道，完善网格化管理、精细化服务、信息化支撑的基层治理平台，健全城乡社区治理体系，及时把矛盾纠纷化解在基层、化解在萌芽状态。加快推进市域社会治理现代化，提高市域社会治理能力。强化社会治安整体防控，推进扫黑除恶常态化，依法严惩群众反映强烈的各类违法犯罪活动。发展壮大群防群治力量，营造见义勇为社会氛围，建设人人有责、人人尽责、人人享有的社会治理共同体。”[①] 党的二十大报告对社会治理的表述比以往更简洁、逻辑更清晰、重点更突出。从报告对社会治理的表述来看，实际上可以概括为两个路径、两个目标、一个愿景。其中，两个路径，一个是健全社会治理体系，另一个是健全共建共治共享的社会治理制度。健全社会治理体系是一个整体上的路径指引，是社会治理的整体框架。另外，健全共建共治共享的社会治理制度也是一个非常重要的路径。提升社会治理效能，畅通和规范群众诉求表达、利益协调、权益保障通道，可以看作是社会治理的两个目标。最后，建设人人有责、人人尽责、人人享有的社会治理共同体是社会治理的愿景。其中，人人有责、人人尽责和人人享有，其实是对共建共享的内涵的一个具体表述，但落脚点还是在社会治理共同体。

① 习近平：《高举中国特色社会主义伟大旗帜　为全面建设社会主义现代化国家而团结奋斗——在中国共产党第二十次全国代表大会上的报告》，人民出版社2022年版，第54页。

第二节

浦口社会治理创新做法

浦口地处南京市西北部，是国家级“南京江北新区”的重要板块，是南京新一轮城市规划明确的“江北新主城”重点区域。2017年5月，国家级“南京江北新区”管理体制调整后，全区面积720平方千米，常住人口约48万，下辖5街2场4园区。

江浦街道辖区面积98.4平方千米（含高新区和老山片区），下辖15个社区，常住人口约25万。桥林街道位于浦口西南部，辖区面积185平方千米，辖12个居民委员会和8个村民委员会，常住人口7万多。星甸街道位于南京市浦口西部，辖区面积141平方千米，下辖14个村（社区），常住人口约4.08万。汤泉街道位于浦口西北部，总面积109平方千米，下辖14个村（社区），总人口约5.2万。永宁街道位于浦口西北部，总面积109平方千米，下辖11个社区，常住人口约3.9万。[①]

作为国家级“南京江北新区”的核心区域，随着城市化的快速推进，浦口面临着转型期城乡布局、人口结构的变化，新旧矛盾不断交织，城乡二元结构相叠加，人口结构和社会结构均发生重大变化，群众需求多元化特征明显等问题，这给社会治理也带来了更大的难度。面对挑战，浦口坚持以社会治理现代化为抓手，进一步转变工作理念、优化工作措施，持续提升社会治理效能，不断完善社会治理体系，打

① 参见南京市浦口区地方志编纂委员会办公室：《浦口年鉴2021》，方志出版社2021年版，第19页。

造共建共治共享的社会治理新格局。

党的二十大报告中指出了提升社会治理效能的必要路径，包括制度创新、完善治理平台、健全城乡社区治理体系、提升社会治理法治化水平以及强化社会治安整体防控等。浦口切实把思想和行动统一到党的二十大精神上来，扎实推动党的二十大精神落地见效，近年来在社会治理多个领域采取创新做法不断提升社会治理效能，取得了一些有益的成果。

一、制度创新：“全员大走访”行动

浦口坚持和发展新时代“枫桥经验”，积极推进新形势下人民内部矛盾处理，将“全员大走访”行动作为基层治理领域的制度创新，通过顶层设计立梁架柱，以专班组织、专题汇报、专项考核，推动走访从安全稳定向经济社会发展全领域延伸。

“全员大走访”行动的主体为全区所有机关单位、街场、园区、平台和村（社区）的在职人员。走访对象包含辖区内企业、重点项目、园区（指挥部）、科技人才、基层站所（单位）、困难群众、居民、村（社区）等，部分单位结合职能自主增加走访对象，街道进一步扩大对辖区群众的走访范围，全面排查化解各类社会矛盾风险，深入群众、深入企业、发现问题、解决问题、建立机制。突出问题导向，通过大走访活动真心实意为走访对象排忧解难，把矛盾问题预防在先、发现在早、处置在小，着力在全区营造和谐稳定的良好环境。

一是走深走远大走访。由区委组织部会同政法委成立工作领导小组，制订工作方案、建立考评机制，专班推进落实。领导干部带头走访，普通党员全员入户，建立横向到边、纵向到底的走访网络，每月的走访活动不少于1次。大走访以掌握实情、纾困解难为主。引导党员干部主动走向基层、走近服务对象，问政于民、问需于民、问计于民，推动政策、资源、信息、服务下基层，切实在一线发现问题。长效化“长走访”制度，在定制度、建机制、求实效上下功夫，真正让大走访成为常态化深入基层、制度化服务群众的总抓手、大平台。

二是排实排细大排查。大排查在“大走访、大排查、大攻坚”工作体系中处于承上启下的关键位置，就是在大走访的基础上，把排查诉求、排查问题向纵深推进，实现从点上对接到面上覆盖的转变。重点从三个方面着手：其一是聚焦营商环境。在大走访掌握个性诉求的基础上，深入开展大排查，着力查找惠企政策、公共平台、原材料供应、产业链发展等面上共性问题，着力查找顶层设计、体制机制等深层次的问题，着力查找浦口与上海、浙江、深圳等先进地区在营商环境上的差距，把问题和短板查清查透。其二是聚焦民生实事。围绕新城建设、乡村振兴、共同富裕、基层治理等重点任务，围绕基层群众普遍反映的热点难点问题，联合相关职能部门，开展全方位、拉网式排查，真正把群众诉求找出来。其三是聚焦矛盾隐患。既关注“民代幼”、涉军、涉拆等传统高发领域，又关注教育“双减”、电信诈骗、商品房质量、小区物业等新兴领域，通过大联勤网格主动发现问题，尽可能地把矛盾隐患全部排查出来、全部掌握清楚，做到心中有数、不慌不乱。

三是攻关攻难大攻坚。针对企业和群众最看重的问题，针对企业和群众的相关诉求，对能够解决的问题，尽快予以落实；暂时不能解决的，创造条件加以落实；确实因为政策、法规限制不能解决的，耐心做好解释说明工作，确保件件有落实、事事有回音，真正让群众、企业切身感受到实实在在的变化。将问题明确到人，形成清晰的责任追溯机制，对问题坚决实行“零容忍”。通过“全员大走访”实现综合优势的大提升、营商环境的大改善、服务效能的大优化，推动新时代“枫桥经验”在浦口落地生根。

二、网络治理平台创新：一网统管城市治理平台

为提高社会治理效能，浦口积极推进“一网统管”工作，聚焦打造“城市大脑”，统筹推进资源整合、系统平台建设、运行机制体制优化完善和市民诉求落实解决等各项工作，全力提升城市精细化管理水平和为民服务能力。以“实战管用”为原则，建成“一网统管”平台，实现“观、管、防”一体，包括城市生命体征、城市运行态势分析、综合指挥调度、应急处置、资源中心、研判中心等功能。

一是搭建领导驾驶舱，实现一屏观全局。领导驾驶舱包括城市生命体征、城市运行态势分析。城市生命体征包括城市公共服务、公共安全、城市治理、市场监管、生态环境、经济发展6个方面80余项宏观指标，城市运行态势分析包括党建引领、公共安全、公共服务、生态环境、城市管理、社会治理6个专题300多个指标，全面反映全区城市运行状况。

二是建成指挥调度平台，实现一网管全域。综合指挥调度平台分为工单调度、应急指挥两个部分，跨域协同，突出实战标准，实现一网管全域。首先，构建工单调度联动处置体系，实现跨部门、跨区域、跨层级的快速高效联动。其一是区联勤联动指挥调度，实现群众上报、网格员自查、110非警务警情、大走访、智能感知等社会治理日常工单的全闭环管理。其二是区城运中心指挥调度，负责处理区内重大疑难或上级部门下派的相关调度处置任务。其次，开展应急指挥调度能

力建设。全区部署了融合通信指挥调度平台，实现多路视频监控、视频会议、应急力量的一键调度功能，必要时可快速拉起“点对点”或“点对多点”的通信或会议，实时掌握现场情况，实现一体化应急指挥调度，发挥系统枢纽和实战指挥作用。针对全区已建的如森林防火、疫情防控、智慧消防等信息化平台，实现跨平台跳转与调度。值班值守方面，整合全区应急值班表格，与区值班室建立联动机制，满足全区应对突发事件时，对信息传递时效性、应急点位准确性、指挥调度便捷性、应急资源完整性、部门协作联动性等核心要求。在推动指挥调度能力提升方面，以数据归集为支撑，对社会资源进行空间化展示，打造城市资源一张图。基于人、事、物三个维度，将人力资源、工单事件、城市部件等各类数据进行归总统计并落图，方便不同维度的资源关联，为指挥调度提供有力保障。

三是强化数据赋能作用，实现一网防隐患。首先是构建城市运行感知体系，统筹开展本区物联感知端建设，实现物联数据、业务数据、视频数据等“神经元”数据全量汇聚。其次是建设分析研判中心，开展对大走访、舆情、政务服务、气象报告、社会治理等领域的分析研判，为相关部门提供了小区安防管理评估、社区稳定指数评估、网格绩效评估等分析报告，提供城市运行决策支持。最后是充分挖掘数据价值，通过数据分析，向综合执法、应急管理等部门推送高频关联线索，为部门赋能，满足基层个性化需求。

三、基层自治新模式：“贤爱堂”邻里自治中心

为充分发挥基层自治力量，构建共建共治共享的基层社会治理体系，浦口依托辖区资源搭建“贤爱堂”邻里自治中心，打造社区特色

治理阵地，设置邻里学堂、互助角、议事亭、贤爱长廊、文化健身广场等功能区域，鼓励居民参与社会治理。

一是以乡贤正能量激发机制活力。贤爱堂自成立以来，利用辖区深厚的历史文化底蕴，通过自主推选、小组摸排、社区考核等程序，充分挖掘培育了一批有德行、有才能、有声望且热心公共事务的地方乡贤人士参与基层社会治理工作。通过乡贤人士的模范引导作用，结合贤爱堂“社区主导　乡贤引领　深化团结”的宗旨，构建了“一网格一乡贤一社工一社会组织一公益项目”的“五个一”工作格局和民族、公安、工商、城管等相关职能部门、外来少数民族代表人士多方参与的部门协调机制，以网格化管理和大联勤工作机制推进精准服务，有效突破了基层民族工作人员不足、管理难度大的短板。充分发挥乡贤人士“纠纷调解员”“社会管理信息员”“帮困解难服务员”多重角色作用，定期组织开展居民矛盾纠纷排查工作，以重在教育疏导、重在平时做好工作、重在解决在基层和萌芽状态“三个重在”为抓手，做到早发现、早部署、早处置，乡贤人士运用讲情、讲理、讲法等多种方式提前介入调处，有效化解矛盾纠纷，维护民族团结、社会稳定的大局。

二是以八大功能区营造进步氛围。贤爱堂设有四点半学堂、邻里互助角、邻里议事厅及邻里文化广场等八大功能区域，在潜移默化中教育引导辖区居民强化公民意识、国家意识和法律意识。其中，四点半学堂由辖区乡贤人士、共建学校老师及高校志愿者每日为放学后无人照管的小朋友提供课业辅导，每季度组织居民开展业务技能、法律知识等主题培训；邻里文化广场利用贤爱廊、电子大屏、户外广告画及新媒体等渠道，加强党的理论政策、法律法规宣传教育，营造了居民和谐共处的良好氛围。

三是以12个邻里项目助推交流交往交融。依托贤爱堂阵地，地方乡贤人士牵头发起了邻里书画研习会、依法自治在社区、“好健康”计划、邻里一家亲、孝慈暖暖帮、及时通惠民资讯等12个邻里项目，配有12个色环作为辨识标志，每个项目由乡贤和社工“一对一”结对认领，从情感慰藉和生活关怀着手，开展了群众联谊会，贫困家庭结对认亲、“图书漂流”、儿童讲故事比赛、创意手工等活动，为居民群众搭建了交流交往交融的活动平台，形成了社区为居民服务，居民参与社区建设服务的良性循环，社区呈现出和谐稳定的良好局面。据统计，自运转以来，贤爱堂共开展各类惠民活动100余场，惠及5000余人，居民团结、和谐进步示范效应辐射全区。

四、社会治理法治化：综合执法改革“111”新路径

为了更好地走出跨部门、跨层级、跨区域改革新路，提升社会治理法治化效能，浦口紧扣“一个部门管执法、一支队伍管执法、一套制度管执法”的“111”目标，将全区除公安分局以外的26个部门全部纳入改革范围，有机整合和集中归并执法力量，于2022年2月重新组建区综合行政执法局，统一指挥调度全区范围执法工作，集中行使行政处罚权清单共涉及12个部门1065项行政执法事项（含1046项行政处罚权及19项配套行政强制措施）。

一是“一支队伍管执法”。通过重构组织体系、重组运作体系、重塑管理体系，在横向上构建“2+5+5”综合行政执法新格局，即2支综合行政执法大队、5支专业综合行政执法大队（交通、农业、文化、应急、市监）、5个街道综合行政执法局，并派驻执法队员下沉街道，真正实现了“一支队伍管执法”。改革后，执法检查更加综合有力，发

现并解决社会治理问题的能力得到增强，执法效率明显提高，简单易发事件4小时处置率达到90%以上。多项执法事项实现地域覆盖和领域覆盖的新突破，地名未规范设置、房产租赁备案类案件分别在全市、全区率先实现“零”的突破。同时，浦口综合行政执法局围绕“一专多能”岗位需求，以周末大讲堂、老带新、多对一、跟班驻学、现场教学等形式，基本实现岗前培训全覆盖，让执法人员在“多元组合”中迅速成长为“办案精兵”，不断提高履职能力，增强业务水平。

二是“一套制度管执法”。推动综合执法清单标准化。编制并公布部门、街道行政执法权力清单，明确权力编码、事项名称、法律依据、实施主体等，并根据法律法规变化动态管理，建立主次分明、权责清晰的职责清单和程序严格的职责准入机制，出台《浦口区级职能部门向街道移交行政管理事务和公共服务事项准入暂行办法》，建立主次分明、权责清晰的职责清单和程序严格的职责准入机制，理顺部门与街道职责边界。推动综合执法程序规范化。制定执法中队星级达标、划转人员日常规范、行政执法案件评查等10项规章制度，出台《重大行政执法决定法制审核办法》《行政处罚调查取证制度》等文件，规范执法程序、加强执法监督。推动综合执法方式协同化。横向联动上，区综合行政执法局与交通运输、市场监管等行业监管部门建立联席会议制度，形成统一指挥、部门协同、整体联动的工作机制。纵向联动上，建立重大案件联合办理制度，强化区综合行政执法局、移权部门对街道综合行政执法局的业务指导和互联互通。

三是“一张检查清单”“综合查一次”。通过统一调动全区各部门、街道执法力量，改变了以往部门之间“文来函往”的烦琐程序，形成了“1+1>2”的叠加效应，同时还探索“综合查一次”，将多项检查事项集中到“一张检查清单”，多个行政机关在同一时间、针对同一执法对象开展联合检查、调查，最大限度减少执法扰民，检查频次同比减少25.5%。“以前会踢皮球、扯不清的事件，现在把涉及的几个部门都聚集在一起，拧成一股绳，事情就能得到及时处理解决”。这就是从“分散执法”向“集中执法”转变，从“多头执法”向“综合查一次”转变。

四是一体化指挥下好全区“一盘棋”。浦口地处两省交界，又背靠国家级江北新区，流动人口多，群众诉求多，探索实行跨领域跨部门综合执法，必须用集成思维下好全区“一盘棋”。因此，浦口还充分运用大数据、“互联网+”、人工智能分析等技术手段，实现综合行政执法一体化指挥。浦口综合行政执法局有效整合城管局数字城管指挥中心和新成立的综合行政执法指挥中心，打造了“浦口综合行政执法指挥调度及办案系统”，其可对区综合行政执法局各大队、各街道综合行政执法局以及各行业主管部门实现实时在线派遣，处理问题限时完成。具体操作上，指挥中心收集多种来源的案件线索，包含“数字城管平台”“大联勤平台”“12345平台”和“12319平台”等信息来源，梳理各类群众举报、网格员发现以及第三方考核发现问题，并依据权责清单将这些移送线索派发相关执法单位进行核查与执法处理。指挥中心对案件信息分类界定后，在1小时内以权责清单在线派遣至相关执法大队或安排联合执法，并规定完成时间，平均处置时间缩短为8小时，执法效率大大提高。

五、社会治安整体防控：“大联勤”工作模式

浦口作为国家级“南京江北新区”的核心区域，随着城市化程度不断提高，社会转型加快，社会治理出现新老矛盾交织、社会融合度

不高等新情况、新问题，社会安全稳定隐患增多。同时，传统社会治理资源分散、方法单一，对普遍存在的社会矛盾缺乏敏感性、预见性、及时性处置，容易造成小情绪变成大矛盾、小苗头变成大事件、小诉求变成大对抗的社会不稳定现象。

为应对社会治理出现的新问题、新情况，浦口牢牢把握推进社会治理体系和治理能力现代化的要求，按照“联勤联动、群防群治、自助互助、共建共享”理念，积极探索构建社会治理“大联勤”工作模式。围绕“问题发现”和“群众参与”两大核心，坚持以网格化为基础、以信息化为支撑、以整合资源为抓手，通过联勤巡防、联动指挥、联合执法，促进社会问题早识别早预防、早发现早处理，实现了社会治理从“处置问题”向“发现问题”、从“事后执法”向“前端管理”、从“应急处置”向“常态治理”的转变，提高了群众的幸福感、安全感和满意度。

搭建四级网络架构，推动资源布局与治理需求有效对接。针对社会问题治理职责在“块”（街道）上，而执法权限却在“条”（部门）上的矛盾冲突，浦口搭建“三级平台＋网格”的四级网络，将部门和街道“联合”起来，形成上下联动、权责分明的社会治理格局，形成多元主体联动参与的治理模式。

建立两级响应机制，实现“不在秩序的部件”及时回归秩序。在大联勤的前端，重点巡查发现“不在秩序的部件”，其中80%由社区或网格员在现场解决，使其归位。对于剩余20%的问题，通过建立“一级为主，二级兜底”的问题响应机制，实现了快速调处。由区级二级响应实现复杂问题兜底处置。对一级响应仍无法解决的问题，及时启动二级响应，通过两级响应机制，有效避免了问题发现和处置中出现的缝隙和空档，及时推动“不在秩序的部件”回归秩序，防止“小事拖大、大事拖炸”，实现了社会治理重心下移和社会秩序井然有序，也最大力度满足了群众诉求。

打造三大智能平台，强化科技支撑提升运转效率。加强信息技术运用，探索建立“一库两平台”，将区、街道、社区、网格四个层面串联起来，提高联勤工作效率。建立“大联勤综合信息服务平台”，通过整合地理信息系统、GPS定位、远程视频监控等资源手段，打造集指挥调度、平台值守、监控巡查等功能于一体的现代化联勤指挥（分）中心。建立网格智能巡查平台，提高网格员日常巡查效率。建立网格数据库，积极推进全区网格电子地图建设，以电子地图为基准，逐步录入常住人口、户籍人口、流动人口、实有法人、城市部件等各类基本数据，构建起动态化的社会治理信息基础库，为联勤工作开展提供大数据支撑。

上线手机客户端，拓宽群众共建共治共享参与渠道。围绕“群众参与”这个关键点，充分发挥移动互联使用便捷、参与广泛的优势，开发推广“浦口大联勤”手机客户端，搭建群众与政府的沟通桥梁，提升群众对大联勤的参与度和获得感。通过“事件上报”“网友互动”“联勤资讯”等模块，引入社会治理多元主体参与，集聚社会治理共治合力。

坚持党建引领，完善大联勤运行保障体制机制。大联勤从理念提出到探索试点，再到全面推广，取得突出成效的关键在于各项保障机制的不断完善。一是不断强化党建引领。把创新社会治理大联勤工作与加强基层党建工作有机结合起来，在全区456个网格全部成立党组织，将党旗插在每个社会治理网格单元上。二是不断健全运行机制。搭建涵盖指挥调度、操作规范、运作标准、考核奖惩、保障机制等方面的一整套运行机制。三是不断推动工作标准化。坚持以标准化、规范化推进社会治理大联勤向纵深发展。

六、矛盾调解机制创新:“和解浦畅”特色品牌

为促进社会大局和谐稳定，进一步推进社会治理体系和治理能力现代化，浦口聚焦人民内部矛盾调解，坚持新时代“枫桥经验”，创新打造“和解浦畅”特色调解品牌，着力推动调解阵地、调解组织、调解力量向广度拓展、向深度掘进、向实处发力，有效发挥了化解社会矛盾、维护和谐稳定的作用。

一是覆盖全面，突出重点，构建多元调解阵地。纵向夯实三级调解组织，建成以75个村（社区）调委会为基础、5个街道调委会为骨干、区调委会为龙头的人民调解组织；横向延伸专业调解平台，设立环境、医患、交通、消费、旅游、物业等6个专业性行业性调委会，建成驻交警大队调解室、区医患纠纷调处服务中心等服务平台。按照“成熟一个、设立一个”的原则，培育和选树了“江苏省优秀人民调解员”胡昌麟、“全省公调对接工作成绩突出个人”徐勇 、“南京市最美人民调解员”王必宏、“全市医患纠纷人民调解先进个人”刘开明等一批优秀人民调解员，打造了22家各具特色的个人调解工作室，为矛盾纠纷依法理性化解贡献智慧与担当。

二是深耕乡土，挖掘资源，汇聚各方社会力量。深化乡贤组织建设，吸收“五老”人员以及在群众中有声望的新、老乡贤890名，志愿参与纠纷调处、提供法律服务等工作，促进基层自治、法治、德治“三治融合”。引入专业法律资源，各村（社区）法律顾问建立“法润民生”微信群，通过风险提示、法律咨询、纠纷研判等方式参与村居调处工作，就地解决法律问题。强化网格调处力度，374名人民调解员

融入502个网格，调解力量延伸至田间地头、楼栋门前，让矛盾纠纷发现在早、化解在小。

三是主动对接，联调联动，合力推动纠纷化解。深入推动访调对接，开展人民调解、信访、综治“一体式对接”工作，合力化解涉访纠纷。运用非诉服务平台开展“检调对接”工作，指导“公调对接”调解员一线化解纠纷，2023年1—5月份共调解案件1169件；持续完善非诉工作，规范建设1个非诉服务中心和3个分中心，引导群众注册使用“苏解纷”小程序，目前已有6.1万名群众注册，11家行政调解组织入驻。

四是紧盯实战，提质增效，打造特色调解品牌。优化协调指挥中枢，统一协调区内部门，成立“和解浦畅”联调指挥小组，建设“和解浦畅”综合指挥中心，实现区、街道调处中心及专业性调解组织网络连接，远程指挥调解实战，合力化解重大纠纷。细化综合保障办法，修订《浦口区人民调解员管理办法》，统一调解员选任、管理、奖惩、退出等机制，加强队伍规范化水平；制定《浦口区人民调解员补贴办法》，根据案件难易程度分4档落实调解补贴，有效激活调解工作动力源。针对纠纷多发的热点领域，深度打造“合家、安居、交通、医患、商贸、惠企”等N个专业“浦畅”调解平台，在基层树立了“和字为重、调解先行、覆盖浦口、事了心畅”的好口碑。

第三节

当前浦口社会治理面临的挑战

浦口经过改革开放40多年的经济高速发展，社会发展同时达到一个新的高度，人们对美好幸福生活的向往成为社会治理在人民立场上的核心诉求。与此同时，经济社会发展的不平衡不充分问题逐步暴露了出来，以“管理”为主的思想指导还在一定程度上影响着基层地方社会治理，城市有机体的整合机制尚不健全，社会治理的道路依然任重道远。

一、基层群众自治的主体参与性尚缺

基层社会治理不论是在农村还是在城市，最核心的是基层群众自治。通过调研发现，社区治理“行政化”现象明显。在乡村治理及社会治理过程中，大多数居民即使知道居民自治制度，但依旧会认为街道、社区才拥有话语权，习惯性地认为社区怎么要求他们就怎么做，从身份上、行为上形成“行政化”，这不符合居民自治性质，造成社会治理难度加重。由此可以看出，当前浦口的社区居民自治水平还有待进一步提升，主要表现在以下三个方面。

（一）主体受限

以星甸街道十里村为例，受早期村庄整体搬迁、大批青壮年外出务工经商等因素的影响，作为治理中坚力量的村民流失、缺位，导致农村空心化、人口老龄化问题严重，群众普遍参与基层乡村治理的积极性不高。在城市社区，社区治理的对象越来越多元，不仅要服务本地居民，还要服务好市场经营主体、外来人口等，更要迎接人口流动加速、社交习惯改变导致的陌生化社会治理挑战，这给城市居民自治更是带来了压力。

（二）动力不足

基层群众自治的动力很大一部分来自生活在统一生活场域的人们对于共同生活过程中共同体意识的领悟，也就是城市有机体或者农村有机体的“复活”。而这种有机体来自共同体对于共同生活的责任、尊重、帮助、支持与爱。但是在当前社会治理过程中，过度依赖政府负责而忽视对群众赋能的治理意识依然存在，这对有机体的形成是不利的。

（三）管理难“精”

在国家治理重心进一步下沉、社会治理日益精细化的当下，社区需要承担的行政事务越来越多，社区工作者常常陷入日常事务中，导致社区基层治理工作不够精细，针对性不强；社区工作人员专业素质有限，对部分具体工作尤其是对居民自治的理解缺乏专业化认识，推进基层治理水平的能力还有待提高；在大部分城市社区中，一部分社区工作者不是居住在本社区的工作人员，对于社区的治理主要是出于对工作职责的负责，还不能达成对“家”的建设和治理，缺乏对社区治理的情感和不可割舍的责任，从而形成了“外人”组织自治的奇怪局面，使得社区治理凝聚力不足。

二、基层社会治理的系统性不足

为应对社会治理出现的新问题新情况，在政府的强力推动下，通过多年的摸索实践，浦口基本形成了具有当地特色的“大联勤”社会治理工作体系，但是在政府角色和社会治理共同体的理解与定位上仍有不足。

（一）政府服务水平仍有待进一步提升

在调研中发现，在基层社会治理工作中往往重量化呈现、轻质性调研，存在以“量”论成绩的现象，但是对于量的衡量却缺乏“质”的分析。

首先，过度追求指标，而对典型案例的分析研判不足。基层社会治理在追求数据的同时，更注重的是质性的分析，质性分析能够更加全面立体而丰富地展现所有参与个体的生活场景和沟通机制，以便于达成协同合作的治理局面。但是在当前的基层社会治理之中，注重以“数”论成绩，如强调完成多少件工单、完成多少次走访等，而忽视了每件工单的处理过程，缺乏对较为典型工单的处理机制的分析和经验吸收；在大走访行动中，所研判的典型成功案例往往不具备可持续性和代表性，难以形成长效工作机制并持续产生影响。很多社会治理的深层问题不愿碰、不敢碰、碰不了的情况依然存在。

其次，在社会治理过程中部门之间的信息壁垒依然明显。这主要体现在各部门只管各部门的数据，忽视数据之间的重复和联系。从社区层面来讲，面临的往往是同一件任务多个部门下达重复指令，或者不同部门给出高重合率的居民信息，社区工作者没有时间、精力和技术逐一筛选，只能重复收集造成扰民问题。从街道层面来讲，街道部门整合机制不健全、部门之间沟通不畅，造成指令多次下达、重复下发、反复修改下达等情况，影响任务工作流程，造成效率低下。从区级层面来讲，部门之间的信息壁垒则更加广泛，社会治理是一个集合多个部门、层面的工作，但往往是千丝万缕各司其职、互不通气，造成节点创新能力不足、社会治理缺乏新意。

（二）社会治理共同体的联动能力不足

在地方基层治理的整合机制中，最重要也是最“拿不起放不下”的就是对社会力量的运用，如驻区单位、社会组织。从浦口社会面的调查研究发现，社会组织发展滞后，根基不牢。

一是党建引领作用发挥不足。浦口社会组织的发展总体上是在党建引领下，努力探索“五社联动”机制，通过社区招标的项目化运作，引导社会组织参与社区建设，满足居民多元化服务需求。但调查显示，仅极少数社会组织单独建立了基层党支部，其他组织没有建立党支部的主要原因是在职党员人数不足，也没有实现联合党建。况且，凭借社会组织实现党建引领的能力仍显薄弱，“社区党建＋社会组织党建”的方法固然可行，但社区党建事务繁多，难以分出足够的精力和拥有足够的专业知识实现对社会组织党建引领的规范化和专业化。

二是大部分民办社工机构缺乏清晰的目标使命与规划。浦口大部分社会组织内部治理结构不健全、管理不规范；缺少专业型人才，缺乏解决社会问题的理想信念，社会组织领导人大多非科班出身，身兼数职，对社会服务缺乏基本的认识；另外，浦口的社会组织以中小型居多，在资源筹集和整合能力方面存在不足；开展社会服务筹集市场资源的能力不够，难以实现自我造血。

三是政府相关部门对社会组织的关注不足。对社会组织在社区治理发展结构中的角色和定位没有充分的认识，没有主动将这一角色融入社会治理的大网格中，导致社会治理刚性过强、人气不足。另外，目前社会组织的项目发展较为零散，基本都是由街道组织，各社区自行招标，政府统筹协调的作用没有充分发挥，导致社会组织在社会服务方面难以受到政府的有效监管，而社区在社会组织甄别方面专业能力不足、监管力不足。

（三）社区居民在系统中的角色被弱化

当前，浦口的社会治理依然存在偏向“管理”的情况，较为关注“问题导向”的社会治理方案，而忽视社会治理过程中对居民赋能的关注，即缺乏优势视角，从而导致多元治理中的其他“元”治理能力偏弱，治理手段偏固化，治理方法偏死板。居民更多地作为被管理和被照顾的对象参与社会治理，特别是在社区治理的过程中，充分发声、充分议事的渠道还不够多。

三、乡村社会治理的治理效能欠佳

浦口农村区域占比近80%、农村人口占比超50%，乡村社会治理是全区整体社会治理的重要组成部分，也是关系区域治理体系和治理能力现代化的重点内容。当前，浦口在乡村社会治理方面积极探索，并努力推动乡村治理数字化，成效显著。但是，依然存在农村社会治理认识不到位、对实践和自身发展思考不深刻等问题，影响了乡村社会治理的进展和效果，需要全面整合社会机制，结合自身特点，提升治理效能，主要表现在：

（一）资金运用存在误区，资金分散，使用效率低

当前，党中央高度重视乡村振兴战略的布局与实施，特别是对“三农”的“农村”部分，重视度颇高，然而细化到具体的地区和村庄，就会发现财政支农投入的渠道多、资金分散、使用效率低下的现状一直在不同程度地影响着财政资金的支农成效，或者被基层政府及职能部门层层截留挪作“非农”用途，或者心有余而力不足，因部门之间的协调不畅而最终导致支农资金浪费等。

（二）主体存在误区，重政府主导，轻农民主体

社会治理的主体误区是一个常见而且普遍的问题，如何充分发挥农民的主体地位十分关键。例如，村民大会运用不彻底，使得很多规划不是经过农民民主协商、反复商量、讨论最后制定出来的结果，导致一些项目的执行不是从农民的实际情况出发的，而是由区一级甚至市一级帮助村一级制订的规划，看似是帮扶，实则是越俎代庖。这就容易导致政府投入了大量的人力、物力和财力，而农民却并不买账。要充分发挥社会治理机制的效能，必须要充分尊重农民的主体意志，把建设工作转化为农民的自觉行动，才能把农民蕴藏的巨大积极性和创造性充分激发出来，提供不竭的建设力量，才能从最紧迫的环节入手，让农民获得实惠，让村子永葆活力。

（三）对“三治融合”的理解仍不到位

自治、德治、法治三者在基层治理中并不是孤立存在、互不干扰的，而是体系化、系统化的治理工程，内含治理逻辑和方式方法。但是从目前基层治理的现状看，不论是基层政府还是基层群众自治组织，

都对这一融合机制理解得不够深刻透彻，更难以系统运行。

主要体现在基层对于治理的逻辑认识不清。在“三治融合”的治理机制中，自治是核心，德治是灵魂，法治是保障。只有自治得到一定高度的发展，德治的优势才会充分发挥，法治则成为在德治范围之外的兜底。但是，从目前的基层社会治理状况看，由于自治的“空泛”，德治的动力难以起步，法治还需加强。

四、区域社会治理的品牌建设能力不足

品牌是提升一个城市“亮度”的关键一招，社会治理品牌的建设更是一个地区社会治理水平的重要体现和地方文化魅力的重要表达。在地方社会治理品牌建设的过程中，地方精神文化是灵魂，完善的社会评价机制是正衣冠的镜子，灵活运用的人才制度是发达的四肢，三者对于社会治理亮度的提升都是缺一不可的。

（一）对地方精神文化的认知不足

当前，浦口对地方文化的挖掘思路依然较窄，仍停留在对传统民风民俗、地方红色历史等历史文化层面的挖掘上，对于地方精神文化的挖掘仍有忽视。

精神是一个地方最别具一格的文化品牌，以淄博为例，看似烧烤带火了淄博，但本质上是淄博热情好客、诚实真诚的城市精神带火了淄博。浦口在漫长的历史发展过程中也形成了自己灵动、坚韧的独有城市精神，需要结合地区发展的优势，将城市精神展现出来，从而吸引地方社会治理的多元主体牢牢吸附在浦口大地上，营造鲜活的社会治理场景。

（二）社会治理品牌的评价机制不健全

调研发现无论是党建引领作用的发挥，还是政府主导能力的评判；无论是群众参与能力的评估，还是社会协同能力的调研，其评价和监督主体依然在政府。政府掌握着社会治理各个参与主体的评价标准，缺乏更加客观、专业的第三方评价机构参与到社会治理的过程中，导致一些社区服务、社区建设等方面单纯依靠12345工单等的固定模式反馈，使地区在社会治理品牌建设过程中难以有效发现漏洞，及时预防处理。

（三）社会治理专业人才难以灵活运用

品牌建设关键看人才的利用。从浦口对专业社会工作者人才引进的角度看，当前浦口参与基层社会治理的社会工作者以原社区工作者为主，少部分是持证社工，而专业社会工作人才的数量少之又少。这导致社区治理与服务缺乏专业的基层工作者参与其中，使服务的质量、治理的建设性专业性大打折扣。从对本土社区工作者人才应用的角度看，对本土人才的挖掘有待于进一步探索。以楼栋长为例，社区楼栋长多以退休人员组成，在工作中过多地承担社区下派的行政任务，而忽视了楼栋长团结组织本楼栋社区治理服务的本职，使本就不专业于社区治理的楼栋长，更是对楼栋工作萌生了一层误解。从对驻区社会治理专业大学生的人才资源利用角度来看，没有实现“学校—社会组织—社区”之间的三方资源联动。以济南的社区为例，专业社会工作组织在承接了社区的项目后，会在社区设立正式站点，站点由一名专业社工做项目主任，另带两名专业社工开展驻区工作。同时，社会组织与高校社会工作专业存在实践锻炼的合作协议，每到社区有活动或者假期实践锻炼时间，都会有源源不断的大学生驻扎在各个社区点，参与社区服务。这样，社区获得了专业服务，社会组织省去了人力成本，高校大学生获得了实践锻炼的机会，三赢场面聚合了社区治理的人才力量。而浦口的人才资源利用通道还需要进一步打开，政府对于这一方面的关注仍待提高。

第四节

中国式现代化浦口社会治理实践的前景展望

近年来，党中央先后作出了推进国家治理体系和治理能力现代化、社会治理现代化、基层治理现代化的重大决策，由此可见社会治理在我国现代化建设中的重要地位，对高质量发展的重要影响。面对当前社会治理存在的困难和挑战，浦口只有始终牢牢把握高质量发展这条主线，一方面从宏观上、整体上理解和把握中国式现代化的深刻含义，另一方面从微观上、具体上高度重视和抓好社会治理现代化问题，不断提升夯实基层社会治理根基，提升基层治理能力，推进基层社会治理共建共治共享，增强人民群众的获得感、幸福感和安全感。

一、强化地方基层自治，提升居民社区意识

（一）转变政府服务理念，加大扶持社区自组织发展力度

居民始终是社区自治的主体，是基础；社区自组织是联系群众、带动居民参与自治、提升社会资本存量的有效手段。政府需要辅助社区建立社区自组织发展的平台，为社区自组织的成长提供空间。第一，要贯彻党建引领、政府主导、社会协同的基本社会治理结构，确定政府与社会协商合作的治理观念。在政府行政管理的惯性之下，行政主体往往倾向于实现严密的网络化体系，强调问题导向而忽视对社会力量的赋能，

因此这在一定程度上削弱了社会空间的自主决定权和自我管理能力。应该摒弃政府、社会二元对立的思想观念，以保证社会治理主体的多元稳定。第二，政府要转变职能，精准用力。在政策、制度和资金方面支持自组织发展，对其审批程序、职能要求作出具体规定，提供多渠道建设平台，帮助社区自组织实现自我造血，进一步完善社区居民委员会法人的职责功能，对社会治理方面提出质性要求。第三，年轻化楼栋长队伍，广泛发展兼职的楼栋长、网格长，打造一支精神能干的楼栋长队伍，形成楼栋治理品牌和模范标杆，让社会治理的神经末梢焕新、加强，形成有利的基层自组织，提升基层社会治理的行动力、影响力、品牌力。

（二）用心打造社区“熟人社会”，构建具有居民参与的社会网络

社区是一个有机体，是以尊重、信任、合作、归属感为普遍共识的，而社区有机体的基础是“熟人社会”的构建。为此，以“熟人社会”为前提，促进社区自治的发展是一道必经之路。第一，政府主导、民政牵头，刺激社会组织的发展，让形式多样、内容丰富、覆盖人群广泛的社区活动在各地开花，全面带动社区居民的社区参与热情。以城市社区为例，城市居民自治始终是以丰富多彩的组织活动为依托载体，在活动中社区成员通过交流互动加深对彼此的了解和对共同兴趣、共同社区议题的认识，使社区成员从中获得理解、认可、接纳、同情和理解，而不再是一个个孤立的信息闭塞的“孤岛”，同时帮助有生活困境的居民找到新的正向关注点。第二，注重培养社区居民意见领袖，以领头人的方式带动居民自治参与热情。此外，弄清楚居民真正需要什么至关重要。这项工作并不是靠问卷调查就能实现的，更多时候居民对自己的真实需求并不明朗，需要切身生活在他们身边、具有感同身受的生活体验

且具有一定文化知识素养的居民才能真正提炼这些需求，向社区反馈，向社会治理的网格反馈。社区要及时发现甄别和积极培养社区群众的领导者，充分发挥其组织能力和领导能力，引导居民实现自治。

（三）重视社区居民协商议事，加强基层群众自治知识宣传

认知水平决定活动水平，活动水平促进治理水平。居民自治的知识素养直接影响着居民自治开展的活动效果。对此，政府应该在社区层面大力宣传居民自治知识，主动培养社区居民理性参与社区事务的能力。一是依靠社区自组织、群众骨干等宣传居民自治文化知识，让居民知晓社区协商议事程序，提高居民参与积极性。二是依靠公民教育体系，将居民自治的知识植入其中。基层群众自治制度作为一项基本的政治常识，理应被广泛学习和理解，民政等相关部门可以通过与教育部门合作，组织学生进社区参观，现场模拟协商议事，一方面加深学生对自治的认识，另一方面催动社区完善自身协商议事程序，还可以利用学生对家庭的影响力，推动家庭认识社区。三是依靠社区生活场域培养居民理性参与能力。理性参与居民自治活动是以基本政治素养为前提的。基本的政治素养包括政治常识、法律法规、相关程序中的权利与义务。对此，建议社区大胆引进先进前沿的团体议事技术，加强对社区居民协商素养的锻炼，使其在不断的协商议事过程中提升自治能力。

二、整合地方系统资源，盘活多元治理网络

（一）转变政府在社会治理中的角色

政府的角色是治理理论重点研究的内容之一。依照善治理论的观

点，政府是“掌舵人”的角色，既要集中社会资源，提供必要的支持、培训和帮助，又要将竞争机制引入公共服务中，改变单纯的财政拨款方式，参与协同治理。

首先，政府要做有选择性的积极政府。以农村社区为例，政府应当担负起农村公共产品供给的责任，以尽快改善农村公共服务落后的局面，推进城乡基本公共服务均等化。从市场的角度来说，政府应该运用好自身的优势，引水入渠，通过引入积极的竞争机制，完善农村交通、基础设施、相关政策规章等方式，为体制外的资金、人才、技术、信息等资源进入农村打造平台、创造契机和条件。从社会的角度来看，政府要充分充当“赋能者”的角色，挖掘农村的返乡创业人才优势、地理区位优势、地方组织优势、自然资源优势、精神文化优势等，极力促成社会力量协同参与到社会治理的过程中来，让社会治理成果与民共享、与社会共促。

其次，政府要做适度分权的理性政府。一直以来，中国社会都是“强国家—弱社会”的典型特征。虽然保证了政策贯彻执行和集中力量办大事的体制优势，但是社会的柔韧性不足，群众和社会对政府的依赖性过大，政府的公信力时刻处于高压状态。对此，政府要重视购买服务制度，完善和细化政府购买服务的各个流程，特别重视评估机制，建立政府监督、群众监督、第三方机构监督的社会服务监督体系，将政府力所不及或者提供效率低、质量差的公共服务交于第三方操作，以避免政府包揽过多。此外，制定政府责任清单、增加对政府行为的外部监督，将社会组织评价同样纳入政府绩效考核的指标之一，以不断提高政府公信力及其稳定性。

（二）积极培育和扶持社会组织的发展

社会组织的存在一方面可以利用社会本身的运行逻辑和规则推动

社会自律，形成社会共识；另一方面可以节约社会运行成本，拓宽社会运行的空间。

首先，要完善社会组织管理机制，选择性地提高社会组织准入门槛。在社会组织发展的初期，降低社会组织准入门槛是制度的关键一招，但是随着当前社会治理进程的推进、群众日益增长的对美好生活的向往，以及社会组织自身发展的阶段性，降低社会组织准入门槛这一操作使得一些非专业的社会组织也混入其中，所产生的社会服务成效较低，一定程度上浪费了大量的财力、物力资源，同时消耗了群众对于社会服务的信任和情感。因此，在此阶段，政府应该加大对社会组织的筛选甄别，重视社会组织中专业人才队伍的比例，同时加大监督力度，提高社会组织的准入门槛、项目申请门槛、执行门槛和结项门槛。这虽然会造成社会组织在短时间内数量的减少，但是却将资源集中在了真正具有发展潜力的社会组织身上，帮助有质量的中小型社会组织发展壮大，形成品牌和规模。

其次，要重视社会组织孵化器的作用，建立枢纽型社会组织。“社会组织孵化器”是以孵化社会组织为目的的公益行动，效果显著。浦口可以将社会组织孵化器引入本地的发展过程中来，帮助浦口发展自己的社会组织。同时，不仅要注重直接服务于民生的社会组织，也要关注枢纽型社会组织的孵化培育。信息是社会组织发展的生命，理想信仰是社会组织的灵魂，枢纽型社会组织是帮助地方社会组织激发活力、灌输前沿技术知识、提供创意、补给人才的关键要点。社会组织的培育与发展不能盲目，不能操之过急，也不能散而不专，必须有理有力，一击中的。

最后，要大力推进“五社联动”的进程，以提升基层治理能力、建设共建共治共享的社会治理共同体为目标，坚持党建引领，社区居委会（村委会）充分发挥组织作用，形成以社区为平台、以社会组织为载体、以社会工作者为支撑、以社区志愿者为辅助、以社会慈善资源为补充的现代基层治理行动框架。

（三）逐步提高社会治理在基层的法治化程度

首先，社会治理的实践具有多样性和复杂性。尤其是在农村社区，治理环境和实践形势各有不同、应时而变，必须要适时、及时地健全好相关的法律法规，为社会治理的完善提供法律保障和行为规范。其次，高度重视社会治理中人的因素的影响。一是要提高社区工作者的法律素养，引导他们形成规范的法治思维，并且充分认识依法治村（社区）的重要性。二是要充分发挥基层党组织的领导核心作用，形成依法办事、带头守法的“规矩”，在社区治理中形成示范引领作用，塑造社会治理法治化的大环境。三是提高社区居民的法治意识，将法律常识编成简单易懂的案例知识，创新宣传形式，扩大法律宣传的范围和效度，培养社区居民的法治精神。

三、拓宽社会治理维度，厚培地方文化内涵

（一）以包容性秩序为取向

社会治理是一门学问，刚性过强会使社会丧失活力，民众被条框和各种“管理”所束缚，引发社会焦虑；韧性过大过于柔软又会使人们丧失生活最起码的安全感，社会会因为基本秩序的缺失而难以调和。因此，确保社会既充满生机活力又保持安定有序，就必须做好做足社会治理这门功课，处理好秩序与活力的关系。秩序是内敛的、安定的、

平稳的、合乎理性的，活力是延展的、流动的、活跃的、合乎自然的。包容性秩序是尊重差异、包容多样、和而不同的秩序，平等参与、民主协商、多元共治的秩序，共同富裕、人的发展、社会进步相并行的秩序。构建包容性秩序，要坚持系统观念，运用系统思维，做到统筹兼顾。一是统筹社会治理与社会建设，既着力社会发展所需要的各种硬件、制度、法律、规范等的建设，又关注社会关系的发展、发展矛盾的变化、群众生活的需求，从根源上降低矛盾发生率。二是统筹社会治理与社会发展，既着力打造共建共治共享的社会治理格局，又关注整体社会的发展规划，进一步改善群众生活、缩小贫富差距，推动实现全体人民共同富裕。三是统筹社会治理与社会心理服务，既防范外在风险、提升社会整体安全系数，又预防内在危机、发展社会组织，呵护个体心灵的安全感，培育自尊自信、平和包容、积极向上的社会心态。

（二）以德治思想为根本

重视思想道德建设，坚持以德化人。中华优秀传统文化源远流长、博大精深，是中华文明的智慧结晶，其中蕴含的自强不息、厚德载物、讲信修睦、亲仁善邻等，是中国人民在长期生产生活中积累的社会观、道德观的重要体现，同科学社会主义价值观主张具有高度契合性。必须要重视文化道德在社会治理中的重要作用，发挥精神文化对人们行为的引导作用。主要体现在大力推进精神文明建设，以精神之治提升道德之治，提炼地方文化精神，总结地方人民艰苦奋斗、辛勤劳作的精神特征，用人们亲切熟悉的乡土情怀引领社会治理的“劲头”。同时，加强社会主义核心价值体系建设，促使社会主义核心价值体系融入人们的社会行为，规范人们的日常道德行为。思想道德的建设离不开社会诚信的保驾护航，政府需要有意识地加强全社会的诚信自律意识，建立完善的诚信管理体系以增强社会诚信，强化社会治理的道德约束。

（三）以法治社会为依归

法治社会是构筑法治国家的基础，是一个社会基本秩序的体现。依法治理是在我国长久的社会治理实践中摸索出来的治理基础，使我国的社会治理实践实现从“管制”到“管理”再到“治理”的转型变革，是中国式社会治理现代化的基本经验和显著特征。提升社会治理的法治化水平，一方面要重视发挥法治的规范、引领、保障作用，推进科学立法、严格执法、公正司法、全民守法，完善党委领导、政府负责、民主协商、社会协同、公众参与、法治保障、科技支撑的社会治理体系，打造共建共治共享的社会治理格局；另一方面要把法治作为衡量社会治理现代化水平的重要指标，在依法维护社会秩序、解决社会问题、协调利益关系、推动社会事业发展，依法优化营商环境、凝聚社会共识、理顺社会关系、守护社会公正、实现美好生活的同时，内化法治精神的核心要义，将其转化为社会成员懂规矩、讲程序、重权利、守诚信的思维方式和行为习惯，引导群众做社会主义法治的忠实崇尚者、自觉遵守者、坚定捍卫者，培育全社会办事依法、遇事找法、解决问题用法、化解矛盾靠法的良性法治环境。

（四）以数字治理为支撑

以互联网、大数据、云计算、区块链、人工智能为代表的数字科技，是提升我国社会治理现代化水平的重要引擎。在2020年9月，浦口就已成为江苏省四个国家级数字乡村试点区之一，2021年启动数字乡村建设，数字治理作为其中的核心板块之一，特别是永宁街道东葛社区成为数字治理的典型社区。数字治理不只是把数字要素像零件一样装入社会治理系统实现效率革命，更重要的是其对社会治理所带来的实际效能，用人所计算不到和观察不"微"的场景提取、还原，做到社会治理的精细化、标准化、智能化、专业化。面向未来，社会治理的进步必然要与数字科技优势相结合，以主流价值导向引领数字治理水平的提升，必将成为中国式社会治理现代化的一张亮丽名片。对此，以数字治理为支撑促进社会治理现代化，要综合应用新一代信息技术，提高社会治理智能化专业化水平；加强社会信用体系建设，构建统一的社会信用平台；探索完善数据产权和隐私保护机制，强化网络信息安全保障；加强用信息化手段化解部门壁垒，消除城乡区域和群体间的数字鸿沟，减少因信息不对称导致的不公平、重复办公等现象，努力在算法善治中体现尊重与平等，使数字技术赋能社会治理能力得到提升。

（五）以中国之治为标识

当今世界百年未有之大变局正加速演进，全球治理体系发生深刻而剧烈的变动，不确定性、不稳定性在增强，风险频发、冲突不断、问题叠加，这构成了我国社会治理现代化进程所置身的历史时空。中国之治必须要承受住全球飓风的考验，发挥自身优势，立于全球治理之林，为世界各国特别是希望在加快发展的过程中保持社会稳定的发展中国家提供鲜活经验。而地方之治是中国之治的基石，地方治理千差万别又各有特色，每一条经验的总结与实践的成功都是中国智慧的展现。因此，我们要充分重视地方治理的经验总结，在新征程上，善于把自身的社会治理现代化实践与全球治理体系变革结合起来，在坚持走自己的路的同时，科学把握共建共治共享的社会治理制度与民主化法治化的全球治理体系之间的共通性，把握建设社会治理共同体与推动构建人类命运共同体之间的融贯性，站在全球视野谋划地区发展布局。此外，还要善于把创造经验和构建理论相结合，及时总结、及时提炼，在中国式现代化的特殊性中寻找社会治理现代化的普遍规律，建构具有思想穿透力和话语融合力的现代化社会治理理论体系，为中国之治作出地方智慧的独特贡献。

四、淬炼地方品牌特色，展示社会发展温度

（一）打好品牌建设立体战，做大做强“本地品牌”

品牌是高质量发展的重要象征，加强品牌建设是满足群众美好生活需要的重要途径，社会治理亦是如此。在实现社会治理品牌建设的过程中，要充分重视不同领域品牌之间的联动与相互促进，打好本地品牌建设的立体战。一要结合产业品牌筑牢社会治理品牌的经济基底。促进县域经济发展，推动农村与城市的经济交流与合作，积极转变经济发展方式，打造既带动就业又促进财政增收的主导产业，让群众有钱花，有闲生活。二要打造产品品牌点亮社会治理品牌的地域特色。促进特色产业发展，立足农业农村资源，紧密结合市场需求，着力在“特”和“优”上做文章，促进品类培优、品质提升、品牌打造。三要完善乡村建设治理机制，补齐社会治理品牌的短板。我国农村地域辽阔，各地资源禀赋、经济水平、人文习俗差异很大，所以乡村社会治理很难用一个模式、一套方案去包打天下，要在总体推进的同时，鼓励地方探索实践、分类施策、创新品牌模式，积累典型经验。注重在

生态、文化和宜居等方面增加议题，打造生态农村、文明农村、宜居农村的社会治理品牌特色；重唤乡约制度，大力宣传睦邻互助的邻里精神，以农村多元参与共治的方式推动地方传承、保护传统村落民居和优秀乡土文化；突出地域特色和乡村特点，保留具有本土特色和乡土气息的乡村风貌，在打造各具特色的现代版“富春山居图”上形成特色模式、特色品牌。

（二）打响品牌服务特色战，做精做细“治理品牌”

打造地方特色社会治理品牌。充分借鉴新时代“枫桥经验”，创建“一街一品一特色”社会治理品牌。

第一，打造一批官方品牌。以党建为引领，以政府为主导，打造精品党建品牌、便民品牌、服务品牌。品牌建设的重要特点是独特性、精品性，必须要抓住地方特色，深挖地方社会治理资源和人文精神特色，制定具有地方社会治理特色的党建品牌和服务品牌，将政府公信力具体化、清晰化、品牌化。例如，打造地方政府“党员青年先锋”行动队，以有调研、有头脑、有行动为特色，组织不同机关事业单位年轻同志定期下乡调研，收集民情所需，具体提出社会治理所需所治的意见建议，直接送达常委会研究审议，确保民生问题不层层卡关、步步递减。

第二，打造一批第三方服务品牌。以培育地方社会组织为契机，打造一批看得见的金牌社会组织。将不同种类的社会组织进行分类，按照类别重点打造一批服务型金牌社会组织、枢纽型金牌社会组织、党建型金牌社会组织、第三方监督型金牌社会组织等，让不同类型的社会组织在浦口社会治理的实践中遍地开花，充实浦口社会治理实践中的空白点，化劣势为优势，提升社会治理动能。

第三，打造一批居民自治品牌。浦口有大面积的农村社区，同时也有大面积的拆迁安置区，这是浦口社会治理的独特之处，应该充分利用这一特色，打造地方自治品牌优势。例如，利用拆迁安置区人员结构特点，重新梳理人员结构特征，根据不同利益人群，按比例建设居民议事会，同时为流动人口预留参与空额，采取轮流制，打造居民协商议事品牌。

（三）打赢品牌影响持久战，做美做优“人民品牌”

品牌建设并不是“一哄而散”的事情，品牌的另一大魅力在于持久力。在浦口已经有部分较为成功的社区治理品牌，但是品牌的延续力不足，对领头人的依赖性较强，一旦领头人离岗或者变动，品牌就难以维系，最终变成空壳。对此，应该对既有的特色品牌给予保护，建立长效机制，形成品牌组织架构，明确使命任务，制定清晰的规章制度和人员招聘继任流程，辅助社会组织提升品牌建设和维护能力，使其扎根浦口、奉献浦口。

一是建立全域品牌点片链接机制。重视全区社会治理品牌系统化建设，讲好社会治理的“浦口故事”。倡导不同街道形成一套别具特色的社会治理名片，分块打造，分条管理，统一扎口，集中梳理；加强对其他地区社会治理品牌的学习，借鉴全国不同地区最新社会治理成功经验，结合本地实践加以运用；扩大品牌宣传，会同宣传部门，合力提高地方品牌影响力；制定品牌管理地方规范和评价机制，对品质优、反馈好、影响大的品牌给予模范带头奖励；对地方各类型品牌进行梳理，对可以扶持的、可以宣传的、可以扩大的进行分类指导监督和支持，尤其是在人民群众中反响大的给予重点支持和媒体报道。

二是总结地方精神文化特色。一城一韵味，浦口背靠老山，面向长江，地理位置得天独厚，城市韵味绵延悠长，地方百姓生活烟火自成体系。要根据地方文化特色和城市韵味尽快找到符合城市特点的“关键词”，用简洁明了、清晰易懂的词语让城市“出圈”。只有文化酿造的品牌才是最持久、最不易过时、最容易历久弥新的“经典品牌”。

三是重视社会组织的品牌建设。社会发展到一定程度，人们对美好生活的向往越来越期盼，完善好、实现好对“人”的服务成为品牌建设的核心竞争力。社会组织是始终以“人”的服务为核心的组织，是社会发展到一定阶段的产物，尽快培育优质的社会组织对城市品牌建设如大鹏乘风，只有做好“培风”，稳固社会风气，温和社会氛围，才能给品牌建设提供“乘风”而行的机会，在全国共打“品牌战”的风口上行得稳、走得远。

浦口的社会治理已经颇有成效，政府推出了一系列治理措施、建设行动、帮扶政策和调研走访机制，不断提升社会治理效能，有力护航浦口经济社会高质量发展，让社会治理成果更多更公平惠及人民群众，努力满足人民群众对美好生活的向往与追求。在推进中国式现代化浦口新实践的进程中，浦口将继续深入贯彻党的二十大精神，始终坚持人民主体地位，不断创新社会治理实践，大力推进基层治理现代化，为实现中国式现代化的中国之治发挥基层社会治理的蔚蓝力量！

参考文献

1.《马克思恩格斯选集》第1卷，人民出版社1972年版。

2.《马克思恩格斯选集》第2卷，人民出版社1972年版。

3.《马克思恩格斯选集》第27卷，人民出版社1979年版。

4.《马克思恩格斯选集》第1卷，人民出版社1995年版。

5.《马克思恩格斯选集》第4卷，人民出版社1995年版。

6.〔德〕马克思:《资本论》第1卷，人民出版社2004年版。

7.《共产党宣言》，人民出版社2018年版。

8.《毛泽东选集》第2卷，人民出版社1991年版。

9.《毛泽东选集》第3卷，人民出版社1991年版。

10.《毛泽东文集》第6卷，人民出版社1999年版。

11.《习近平著作选读》第1卷，人民出版社2023年版。

12.《习近平著作选读》第2卷，人民出版社2023年版。

13. 习近平:《高举中国特色社会主义伟大旗帜　为全面建设社会主义现代化国家而团结奋斗——在中国共产党第二十次全国代表大会上的报告》，人民出版社2022年版。

14. 习近平:《论坚持人与自然和谐共生》，中央文献出版社2022年版。

15. 习近平:《用好红色资源　赓续红色血脉　努力创造无愧于历史和人民的新业绩》，《求是》2021年第19期。

16. 习近平:《用好红色资源，传承好红色基因　把红色江山世世代代传下去》,《求是》2021年第10期。

17. 习近平:《加快构建新发展格局　把握未来发展主动权》,《求是》2023年第8期。

18. 李铁林:《用好红色资源　凝聚奋进力量》,《人民日报》2023年5月6日。

19. 游海华:《红色文化概念再探》,《红色文化学刊》2017年第1期。

20. 冯雅、吴寒、李刚:《论习近平红色资源观》,《图书馆论坛》2022年第1期。

21. 渠长根主编:《红色文化研究与实践》,红旗出版社2020年版。

22. 王家慧、张林华:《国外图书馆、档案馆、博物馆合作现状及启示》,《兰台世界》2021年第9期。

23. 马费成:《推动哲学社会科学创新发展》,《中国社会科学报》2021年7月20日。

24. 刘红梅:《红色旅游与红色文化传承研究》,人民出版社2017年版。

25. 刘海东主编:《江浦县志》,河海大学出版社1995年版。

26. 陈健:《中国式经济现代化新道路的创造历程、特征与实践方案研究》,《青海社会科学》2022年第2期。

27. 白暴力:《经济高质量发展是协调统一的系统发展》,《人民论坛·学术前沿》2022年第16期。

28. 逄锦聚等:《促进经济高质量发展笔谈》,《经济学动态》2019年第7期。

29. 张军扩等:《高质量发展的目标要求和战略路径》,《管理世界》2019年第7期。

30. 国家发展改革委经济研究所课题组：《推动经济高质量发展研究》，《宏观经济研究》2019年第2期。

31. 刘志彪：《理解高质量发展：基本特征、支撑要素与当前重点问题》，《学术月刊》2018年第7期。

32. 孙智君、陈敏：《习近平新时代经济高质量发展思想及其价值》，《上海经济研究》2019年第10期。

33. 梁漱溟：《东西方文化及其哲学》，商务印书馆1992年版。

34. 〔美〕弗里乔夫·卡普拉著，卫飒英、李四南译：《转折点》，四川科学技术出版社1988年版。

35. 〔美〕阿尔·戈尔著，陈嘉映等译：《濒临失衡的地球——生态与人类精神》，中央编译出版社1997年版。

36. 〔美〕巴里·康芒纳著，侯文蕙译：《封闭的循环——自然、人和技术》，吉林人民出版社1997年版。

37. 唐洲雁、毛强：《在对历史的深入思考中汲取智慧、走向未来》，《光明日报》2021年12月31日。

38. 董宪军：《生态城市论》，中国社会科学出版社2002年版。

39. 黄光宇、陈勇：《生态城市理论与规划设计方法》，科学出版社2002年版。

40. 王如松：《高效·和谐：城市生态调控原则与方法》，湖南教育出版社1988年版。

41. 叶谦吉：《真正的文明时代才刚刚起步》，《中国环境报》1987年4月23日。

42. 吴明红、严耕：《新时代中国的生态文明建设：进展、挑战与展望》，《人民论坛·学术前沿》2019年第15期。

43. 王永明：《生态道德：建设生态文明的伦理之维》，《社会科学辑刊》2009年第5期。

44. 王科：《美丽浦口迎蝶变》，《人民日报（海外版）》2022年11月29日。

45. 王名、蔡志鸿、王春婷：《社会共治：多元主体共同治理的实践探索与制度创新》，《中国行政管理》2014年第12期。

46. 吴超：《改革开放以来社会治理的历史变革》，《中国井冈山干部学院学报》2018年第6期。

47. 戴长征、鲍静：《数字政府治理——基于社会形态演变进程的考察》，《中国行政管理》2017年第9期。

48. 翟明磊、吴达：《“罗伯特议事规则”的南塘试验》，《南方周末》2009年4月2日。

49. 南京市浦口区地方志编纂委员会办公室：《浦口年鉴2021》，方志出版社2021年版。

50. 杨华：《县乡中国：县域治理现代化》，中国人民大学出版社2022年版。

51. 张静：《社会治理：组织、观念与方法》，商务印书馆2019年版。

52. 李国青、续慧杰主编：《中国农村社区治理报告（2018）》，中国社会出版社2018年版。

53. 张平、周立主编：《中国城市社区治理报告（2018）》，中国社会出版社2018年版。

54. 吴超：《中国社会治理演变研究》，华中科技大学出版社2020年版。